天津市 2020 年度哲学社会科学规划课题：重大疫共体育空间需求及精准供给研究（课题编号：TJTY20-009）

新时代背景下公共体育的建设与发展研究

霍 亮 著

吉林出版集团股份有限公司

版权所有侵权必究

图书在版编目（CIP）数据

新时代背景下公共体育的建设与发展研究 / 霍亮著
. -- 长春 : 吉林出版集团股份有限公司，2022.10（2023.6重印）
ISBN 978-7-5731-2355-8

Ⅰ．①新… Ⅱ．①霍… Ⅲ．①群众体育－社会服务－研究－中国 Ⅳ．①G812.4

中国版本图书馆CIP数据核字（2022）第182671号

新时代背景下公共体育的建设与发展研究
XIN SHIDAI BEIJING XIA GONGGONG TIYU DE JIANSHE YU FAZHAN YANJIU

著　　者：霍　亮
出版策划：崔文辉
责任编辑：刘　洋
封面设计：文　一
出　　版：吉林出版集团股份有限公司
　　　　　（长春市福祉大路5788号，邮政编码：130118）
发　　行：吉林出版集团译文图书经营有限公司
　　　　　（http://shop 34896900.taobao.com）
电　　话：总编办 0431-81629909　营销部 0431-81629880/81629900
印　　刷：三河市金兆印刷装订有限公司
开　　本：710mm×1000mm 1/16
字　　数：218千字
印　　张：12
版　　次：2022年10月第1版
印　　次：2023年6月第2次印刷
书　　号：ISBN 978-7-5731-2355-8
定　　价：69.00元

如发现印装质量问题，影响阅读，请与印刷厂联系调换。电话：15901289808

前言

随着我国经济社会的快速发展,人民群众日益增长的多元化健身需求与公共服务供给不足之间的矛盾日益突出。本书力图突破只重视全民健身公共服务体系的宏观性研究桎梏,将研究视角延伸到广阔的区域。对全民健身进行重新审视,然后结合我国当前具体国情构建一个相对健全和完善的公共体育服务体系,以便为人们参加体育运动健身提供良好的保障。

本书以公共体育服务为主线,以公共体育服务体系建设为切入点,在公共体育服务体系理论研究的基础上,全方位探讨和分析了公共体育服务体系的多元化建设路径,并有针对性地提出了构建与完善公共体育服务体系的建议与对策。本书的研究不仅丰富了公共体育服务理论的基本内容,为我国各地区公共体育服务体系的构建和发展提供了参考依据和启示,并且对推动公共体育服务均等化发展具有现实意义。本书具体内容包括:第一章阐明了公共体育服务体系的相关理论内容,初步构建公共服务体系的基本研究内容;第二章针对城市公共体育空间概念进行研究,论述了城市体育休闲公共空间的特征、类型和相关启示;第三章主要从公共体育服务的政策法规与组织机构、服务经费投入与场地建设几方面论述公共体育的建设与发展;第四章阐述未来我国公共体育服务发展的规划和走向,着重强调公共体育服务规划的意义及未来的发展任务和发展趋势;第五章系统地探讨了国内外公共体育服务体系建设的发展历程、经验和启示。这样的比较研究,能更为直观地显示我国与国外的发展特点以及优缺点,有利于我国优化和提升下一步的发展规划;第六章和第七章主要针对京津冀城市公共体育的构建进行研究,分析了城市公共体育空间的规划及服务如何开展,论述如何建设城市公共体育服务协同供给体系;第八章明确了京津冀公共体育服务评价指标体系的构建，分别从区域、城乡、社区三方面进行分析；第九章总结了京津冀公共体育服务发展实施策略，简述了基本公共服务均等化的演变与发展，分别从宏观与微观层面的政治保障及实现京津冀公共体育服务均等化路径出发展开研究。

  本书在撰写过程中，参考和借鉴了大量的相关文献资料，在此向有关作者致以诚恳的谢意。由于受时间和精力所限，不足之处在所难免，恳请广大读者批评指正！

目 录

第一章 公共体育服务体系概述 ········· 1
 第一节 公共体育服务体系建设的背景 ········· 1
 第二节 公共体育服务体系的价值导向 ········· 6
 第三节 公共体育服务体系的制度更新 ········· 12

第二章 城市公共体育空间的概念研究 ········· 18
 第一节 城市体育休闲公共空间的特征及分类 ········· 18
 第二节 城市体育休闲公共空间典型类型 ········· 22
 第三节 城市体育休闲公共体育空间研究的启示 ········· 28

第三章 公共体育的建设与发展研究 ········· 30
 第一节 公共体育服务政策法规与组织机构 ········· 30
 第二节 公共体育服务经费投入与场地建设 ········· 37

第四章 公共体育服务发展规划 ········· 43
 第一节 公共体育服务发展规划的意义 ········· 43
 第二节 公共体育服务发展规划的内涵 ········· 47
 第三节 公共体育服务发展规划的任务及走向 ········· 50

第五章 国内外公共体育服务建设的经验与启示 ········· 62
 第一节 国外公共体育服务建设的经验 ········· 62
 第二节 国内公共体育服务建设的经验 ········· 80
 第三节 国内外公共体育服务建设的启示 ········· 86

第六章 京津冀城市公共体育空间规划及服务开展 ········· 91
 第一节 京津冀城市公共体育供给的内容 ········· 91

第二节　京津冀城市区域公共体育服务供给 …………………… 94

　　第三节　京津冀城市公共体育供给的基础与实践 ………………… 103

第七章　京津冀城市公共体育服务协同供给体系的建设 ……………… 110

　　第一节　京津冀城市公共体育坚持协同原则 ……………………… 110

　　第二节　京津冀城市公共体育规范组织建设 ……………………… 114

　　第三节　京津冀城市公共体育完善供给机制 ……………………… 115

　　第四节　京津冀城市公共体育丰富供给内容 ……………………… 118

第八章　京津冀公共体育服务评价指标体系的构建 …………………… 120

　　第一节　京津冀区域公共体育服务评价指标体系的构建 ………… 120

　　第二节　京津冀城乡公共体育服务评价指标体系的构建 ………… 128

　　第三节　京津冀社区公共体育服务评价指标体系的构建 ………… 130

第九章　京津冀公共体育服务发展实施策略 …………………………… 133

　　第一节　基本公共服务均等化的演变与发展 ……………………… 133

　　第二节　宏观层面与微观层面的政策保障 ………………………… 135

　　第三节　宏观层面实现京津冀公共体育服务均等化路径 ………… 160

　　第四节　微观层面实现公共体育服务均等化路径 ………………… 171

后记 ……………………………………………………………………… 183

参考文献 ………………………………………………………………… 184

第一章
公共体育服务体系概述

第一节 公共体育服务体系建设的背景

在社会主义市场经济条件下,构建一个科学和完善的公共体育服务体系并不是一时一日而成的,这需要一个长久的过程,并且这个过程是一个动态演进的过程,在构建的过程中要注意遵循这一系统性特征。在现代社会不断发展的背景下,一方面,我国经济水平的快速发展为公共体育服务体系的建设提供了充足的物质条件;另一方面,公共体育服务体系的阶段性发展特征也成为现有条件下公共体育服务数量不足、质量不高等的制约因素。

当前,人民对美好生活需求的期待,为公共体育服务体系的建设提供了更为广阔的空间。如何在新的时代背景下,按照新的价值和标准构建一个科学、合理的公共体育服务体系,就成为当前一个重要的研究课题。

一、构建公共体育服务体系是服务型政府建设的重要组成部分

在构建公共体育服务体系的过程中,建设一个服务型政府是非常重要的,这能有效推进自身建设并引导公共体育服务向着健康的方向发展。一个高度负责任的政府必须要有良好的执政措施,要能维护社会公平,预防两极分化,保持社会的稳定与和谐。

2001年,《中华人民共和国国民经济和社会发展第十个五年计划纲要》指出,在完善我国社会基础设施、科技和教育保障的基础上,政府将运用所掌握的公共资源,完成社会主义建设的新目标。2004年2月我们提出了"建设服务型政府"的口号。在这样的形势下,构建服务型政府就成为新时期政府改革的重要目标之一。中共十八大报告指出,要不断完善我国的行政体制建设,建设一个职能科学、结构优化的服务型政府,为人民群众谋福利,促发展。2013年11月12日中国共产党第十八届中央委员会第三次全体会议通过的《关于全面深化改革若干重大问题的决定》提出要"推进社会领域制度创新,推进基本公共服务均等化,加快形成科学有效的社会治理体制"。公共体育服务是公共服务体系重要的一部分,与全体公民的体质健康、卫生保健、文化教育有着密切的联系,是建立和完善公共服务体系的重要内容。将公共体育服务纳入政府职能的范畴,在现代社会背景下有着重要的充分条件:第一,我国社会生产力不断发展,人民生活水平、居民收入水平不断提高,这为公共体育服务的建设提供了重要的物质基础和保障。第二,21世纪以来,我们强调以人为本的理念,着力改善民生,努力促进人们生活水平的提高,与此同时,广大人民群众对体育的需求更加强烈。2017年党的十九大报告中也重申了改善民生的问题。第三,根据科学发展观的要求,我国当前各项事业发展中都呈现出一定的问题,包括体育发展方式在内的一系列体制机制遭遇到了严峻的挑战,在体育事业发展的过程中,公共性不足以及资源分配失衡是最为严重的问题。

二、构建公共体育服务体系是我国由体育大国向体育强国迈进的战略举措

在新的时代背景下,我国改革开放步伐不断深入,社会主义市场经济体制日渐完善。我国进入了经济发展的高速增长期,社会发展程度得到了快速提升。至2020年,我国基本进入了小康社会,广大居民的生活水平获得了很大程度的提升。经济社会的发展,为公共体育事业的进步奠定了物质基础;居民生活水平的提高,拉动了公共体育服务需求的提升。在以前很长的一段时间内,我国实行的是"举国体制",这是我国体育事业发展的阶段性战略选择和制度安排,

在这一阶段起到了明显的作用，我国已成为一个世界体育大国。改革开放初期，我国各项事业的开展，是以国家利益为最高目标，政府统一进行资源配置，集中力量解决实际问题并在重大领域中取得一定突破。在体育事业发展领域，我国为了使体育事业取得快速进步，运用"举国体制"模式，将竞技体育作为体育事业取得突破的重点。国家集中各项体育资源，重点培养一批优势项目和优秀运动员。在这种模式下，我国竞技体育成绩得到了快速提升，体育成绩获得了重大突破，并在重大国际赛事中崭露头角。从1984年洛杉矶奥运会开始，我国取得了奥运会金牌"零"的突破。之后的奥运会赛事中，我国竞技体育不断取得骄人的成绩。这些竞技成绩，对我国快速提高国际形象，树立国家荣誉，提升全民族的自豪感起到了积极作用。

然而，随着我国现代化建设水平的不断提高，"举国体制"的弊端也逐渐呈现出来。20世纪80年代末已有学者对"金牌过热症"提出了批评。在体育发展战略层面，20世纪90年代国家体委相关部门在研究走有中国特色的体育发展道路这一命题时提出"体育与经济社会协调发展，体育事业内部各组成部分有计划按比例发展"。要"处理好群众体育与竞技体育的关系，坚持群众体育与竞技体育协调发展的方针"……由此可见，在竞技体育取得长足发展的同时，体育事业内部各组成部分之间的非均衡性发展已引起人们的广泛关注。发展至今，人们的生活水平和质量得到了极大的改善和提高，人们的闲暇时间也越来越多，这为人们参加体育运动健身提供了重要的经济和时间保障。体育逐步成为人们日常生活的重要组成部分。在这样的背景下，我国政府也相继出台了一系列体育服务方面的措施。2002年7月，中共中央、国务院出台《关于进一步加强和改进新时期体育工作的意见》，将"构建多元化体育服务体系"作为我国体育发展的一项重要任务。因此，进入新世纪以后，我国逐渐调整了体育事业的工作中心，注重由竞技体育向全民体育实现过渡，保障了竞技体育成绩和全民身体健康的均衡发展。在党中央和国务院的指导下，各级政府更加注重公共体育事业的开展，通过公共体育服务的供给，满足人们不断增长的体育健康需求。

近些年来，虽然我国在奥运会上取得了辉煌的成绩，但实际来看我国距离体育强国还存在着一定的差距。一般来说，体育强国除了竞技运动水平需要居于世界前列外，还必须在国民体质、科学教育、大众体育等方面居于世界前列。如此看来，我国体育运动发展水平还远远不够，仍然需要大力发展。建设体育强国，需要制定具有战略性、基础性及长远性的措施。我国应把握这一历史转轨的契机，科学地进行目标定位，积极调整发展战略，为实现体育强国做出新的贡献。有学者认为："体育强国是以群众体育为基础、竞技体育为先导，体育事业的总体发展水平在世界上处于一流和前列的国家。这些领域包括大众体育、竞技体育、体育教育、体育科技、体育产业、体育文化等方面。"我们认为体育强国的根本内涵在于以体育为方式助益于人的全面发展，它不仅是以人为本理念在体育领域的极大彰显，同时又能推动群众体育的发展，成为促进社会主义物质文明和精神文明建设的重要推动力。而能否实现这些目标，公共体育服务体系在其中起着非常重要的作用。2011年，由国务院印发的《全民健身计划（2011—2015年）》作为一个发展群众体育的国家级政策文本特别提出"统筹城乡全民健身事业发展，促进城乡体育资源和公共体育服务均衡配置，逐步建成城乡一体化的全民健身公共服务体系"；2017年，党的十九大报告也重申要重视人民群众的民生改善问题，要提高人民群众的健康服务水平。在当前我国的具体国情下，竞技体育和群众体育的建设与公共体育服务体系建设的联系也越来越紧密，公共体育服务体系建设也成为体育强国建设的一个重要指标。

三、社会对公共体育服务的多元需求对政府的制度建构和创新能力提出迫切要求

在社会主义市场经济条件下，随着我国全民健身运动的不断开展，人民群众对公共体育服务需求的数量和质量日益高涨。在这样的背景下，公共体育资源的分配问题就日益凸显出来，成为制约人们参加体育运动健身的重要因素。

在新的时代背景下，人们对于个人身心健康的需求日益强烈。随着生活水平的提高，越来越多的人将体育消费当成了精神文化消费生活的重要组成部分。面对广大群众对于体育服务的广泛需求，公共体育事业的变革和发展变得十分迫切。公共体育事业的发展不再是体育行政部门内部的事情，而是成为关系到整个社会进步和发展的重点问题。因此，面对社会对公共体育服务的多元需求，

社会各界纷纷呼吁公共体育事业管理制度需要实现变革，公共体育事业的创新能力需要不断加强。我国体育事业需要建立新的管理机制，这一机制要在保持竞技体育成绩的同时，也能够为保障全民的身体健康和创造高质量的现代生活而服务。进而使公共体育事业的发展成为构建小康社会的重要构成部分。

但公共体育事业的发展任重而道远。通过分析公共体育事业的发展现状，我们不难看出，我国的公共体育事业无论是在基础设施的建设，资源配置的公平性和公共服务产品的供给程度上都存在不充分、不均等的问题。据官方资料显示：与其他国家相比，我国在人均体育用地、人均体育消费能力方面仍处于落后水平，广大居民参与体育的程度也远远不如发达国家。除了这些基本问题之外，我国公共体育事业还面临更新的威胁和挑战。其中包括青少年体质问题日渐突出，为下一代的身体健康问题带来新的问题；我国逐渐步入老龄化社会，为公共体育事业发展带来更多挑战；城市化发展给广大居民带来更多身心健康压力，使公共体育的供给日益紧张；城乡二元化结构，也造成了城乡之间体育事业发展水平的差距逐步扩大。这些新的问题和挑战，都将成为公共体育事业发展中需要破解的难题。

当前，我国体育事业的管理机制还存在着诸多问题。这些问题主要表现在，政府体育公共服务职能发挥不充分；各级政府对群众体育事业投入不足；人民群众的体育需求得不到充分的满足等。面对这些问题，我国各级政府应采取有针对性的措施和手段，建立一个科学和完善的公共体育服务体系，以适应人民群众不断变化的体育需求。当前，我们要将公共体育服务的需求与供给跟现代社会经济的发展更加紧密地联系在一起。而处理好这一关系，就是充分发挥体育促进社会发展的重要作用。

在现代社会背景下，人民群众的体育需求越来越多样化和个性化，竞技体育、群众体育和体育产业得到了共同的发展。因此，建立一个面向全体人民的产品、服务和制度系统是非常有必要且重要的。因此，构建一个科学、完善的公共体育服务体系具有非常重要的历史意义。2014年国务院出台《关于加快发展体育产业促进体育消费的若干意见》，为我国公共体育服务体系的建设与发展提供了良好的政策环境。相信伴随着我国事业单位的改革以及体育运动的不断发展，我国的公共体育服务体系建设必将得到快速的发展。

第二节　公共体育服务体系的价值导向

公共体育服务体系的构建应有一定的价值导向，这对于整个体育事业的发展具有重要的意义和作用。对这一价值导向进行细分，可以分为理念层面价值导向与实践层面价值导向。概括来讲，以人为本的理念是核心价值，它对实践层面的导向具有指导、管理和评估作用。实践层面的导向则是公共体育服务体系构建过程中必须坚持的基本准则和试验方法，它是核心价值在实践中的具体体现。

一、构建公共体育服务体系的价值先导

在当代社会发展的背景下，以人为本的价值理念始终贯穿于整个体育事业发展。它的具体体现是公共体育服务体系的构建，它在社会各项活动中应处于价值先导的位置上。概而论之，公共服务的目的是维护公民权利，促进人的综合发展。总而言之，在公共服务过程中始终坚持公民为导向的原则，"处于核心地位的是人的尊严、信任、归属感、关心他人以及其公共利益的公民意识，政府必须致力于在公民之间建立信任和合作的关系，而一切依靠公民，一切为了公民，一切为公民负责，这也是新公共服务的题中之义"。总而言之，以人为本的价值先导性主要有如下表现。

（一）保障公民的体育运动权益

在体育范畴内，政府对公共体育服务体系的建设起着至关重要的作用。现代社会持续发展中，公民的体育运动权益已经成为社会公民权益中一项基本权益，并被世界各国所重视。《体育运动国际宪章》第一条规定："参加体育运动是

所有人的一项基本权利。"在世界各国的法律中都增加了体育权利。公民的多种体育权利表现在：体育健康权、接受体育教育权、体育创作权等，这些权利都受到了有效保障。

发展到现在，为了保障社会公民基本的体育权利，我国的公共体育服务体系也在逐步完善与发展，这为人们参加体育运动提供了良好的保障。我国颁布的《国家基本公共服务体系"十二五"规划》文件中明确提出要进行基本公共体育服务建设工程，并制定了该时期的基本公共体育服务的国家建设标准。这些规定为我国公共体育服务质量的提高起着积极作用。因此，现代社会发展的基本要求是构建公共体育服务体系并维护我国公民的体育权利。

（二）满足公民的体育运动需求

公共服务是面向社会特定的公共利益，由于每个人都是不同的，每个人都有自己的个性和独特的体育需求，而构建公共体育服务体系就要满足人们的各种体育需求。当前，随着现代社会的不断发展，广大人民群众日益增长的体育需求与社会体育资源有效供给之间产生了严重的矛盾。政府所提供的公共体育服务不足，体育场地设施匮乏，组织体系建设不力等，这些都严重影响到人民群众体育活动的顺利开展。因此，在未来的发展中，政府及相关部门要结合具体实际情况大力建设与完善公共体育服务体系，以满足人民群众不断发展的体育运动需求。

（三）确立以公众为中心的构建理念

一般来说，提供者为中心的理念和使用者为中心的理念是公共服务供给的机制设计中的两种不同理念。两种理念的出发点不同导致制度安排会有不同的特点和效果，而我国是人口大国且地域范围广，所以要辩证地看待这两种理念。但不论社会如何变化，在当前构建公共体育服务体系的过程中，都要坚持以公众为中心的基本理念，这样才能为广大的人民群众参与体育活动提供良好的服务。

二、构建公共体育服务体系的实践导向

简而言之,构建公共体育服务体系的实践导向要体现出公平公正、注重效率、统筹兼顾这些特点。

(一)公平公正

在公共体育服务体系中,公平公正就是指人们在参与公共体育活动的过程中平等地享受各种体育资源和服务,这是人们的基本权利。公平公正也是我国构建公共体育服务体系的首要导向。在我国当前社会发展的背景下,受我国区域发展差异大和地区经济发展不平衡的制约,公共体育服务资源的差异巨大。在欠发达地区,公共体育服务基础非常薄弱,体育硬件设施比较匮乏,公共体育服务人员水平不高或者缺乏。在这样的背景下,迫切需要国家统筹规划,不断加大对经济欠发达地区的资源投入,建设一个能为广大居民参与体育服务的体系。

公共体育服务的宗旨就是要增强人民体质,促进人们的社会化发展,而公平地享有体育服务则是每一个公民所应有的基本权利。所以政府相关部门要制定一定的法律法规或制度确保公共体育服务资源向广大民众开放,保障人民群众基本的体育权利。

(二)注重效率

在现代社会背景下,在市场经济发展的今天,我们将公平公正放在实践导向价值序列的首位。但是,对于政府而言,如何合理、有效地配置与利用体育资源,就成为公平公正导向落实的重要课题。在落实公平公正的过程中,还要本着注重效率的原则进行。实际上,任何一个负责任的政府都会追求职能履行的有效性和高效性,公平公正与注重效率之间并不是矛盾的。当前我国普遍存在的一个情况是,政府作为公共体育服务责任主体和供给主体的角色重合,这也是导致公平公正与注重效率两者关系处理失当的重要原因。在一定程度上,作为公共体育服务供给主体的政府,其自利性的倾向是难以回避的。这种以切

身利益为出发点形成的供给导向必然在客观上显现为无效、失效和低效的供给现状。这种现状突出地表现在公共体育设施供给领域：一是农村公共体育设施供给与需求的失衡。由于国家长期坚持统一的供给政策，导致篮球场和乒乓球台设施所占比例较大；同时由于地方热衷于建设县"体育中心""体育广场"等大型体育设施，针对老百姓体育健身需求的设施类型存在一定矛盾。二是城市社区体育设施布局不合理。一方面由于受到过去以"竞技体育"为中心的发展理念影响，我国主要城市在体育设施建设中，过于强调专业化的竞技体育场馆，而对于群众休闲型公共体育设施建设程度不足。广大居民无法充分利用公共体育设施进行健身娱乐活动。另一方面，在城市的开发和规划中，受到开发程度和开发时间的影响，公共体育设施配套的分布不够合理。通常来看，新城区的体育设施配套情况较好，而一些城市的老城区则缺少社区体育设施。三是大型公共体育场馆的重复建设。在我国经济发展和城市开发进入高速增长的时期，各地政府十分注重大型体育场馆的建设，将其当成提升地方形象、带动招商引资的重点工程项目。尤其是在不少地区的省会城市和经济强市，政府对大型体育场馆的投入力度不可谓不强。但在许多情况下，政府部门没有兼顾体育场馆的实用性和资源的投入产出效率，使许多体育场馆成了形象工程。同时在许多重要城市，场馆重复建设的情况也愈发严重，造成了体育资源的浪费。这些无效、失效和低效的供给决定了政府必须基于现状提升公共体育服务的供给效率。在具体的发展过程中，我们可以充分吸收和借鉴西方发达国家的"效率公平"，然后结合我国具体国情，构建一个具有中国特色的公共体育服务体系。

除此之外，政府注重效率的实践导向还必须植根于对公共服务本质的把握上，在具体的操作过程中，应始终坚持以人为本的价值先导原则，以满足公民的体育运动需求为最终归宿，以公众为中心是公共体育服务体系科学有效的内在要求。事实上，公众的公共体育利益并非个体公民的公共体育利益叠加，而是体现出对公民个体利益诉求的态度，坚持公平公正的改革原则，才能找到"效率与公平"的支撑点。因此，注重效率的原则就要求政府在供给实践中必须坚持均衡发展和科学发展，在追求效率与公平协调统一的基础上尽量设计一个科学、健全和完善的公共体育服务体系。

(三）统筹兼顾

公共体育服务体系的构建不是一时一日而成的，它是一个浩大的工程，需要一个长久的过程。在长期的建设过程中，需要处理好体育系统与其他环境变量的关系，处理好公共体育服务与其他相关公共服务的关系。政府部门应着眼于建立健全的体制机制，加强顶层设计，在以人为本的价值先导理念的指引下处理好公平与效率等价值导向的关系，进一步梳理公共体育服务的内容，厘定公共体育服务的责任和供给主体，明晰程序和路径，制定体系化建构的时间表和路线图。国家在《体育事业发展"十二五"规划》中明确提出，要强化公共体育服务职能，加快完善公共体育服务体系，提高公共体育服务水平……《青少年体育"十二五"规划》也强调，要构建青少年体育公共服务体系，推进青少年体育均等化；《全民健身计划（2011—2015年）》也指出，要促进城乡体育资源和公共体育服务均衡配置，逐步建成城乡一体化的全民健身公共服务体系。通过这些文件能够看到政府对公共体育服务领域的建设正在不断强化顶层设计的工作。

《国家基本公共服务体系"十二五"规划》提出了实现基本公共服务均等化的时间表。即在2011年至2015年，覆盖城乡居民的基本公共服务体系逐步完善，基本公共服务均等化取得明显进展；到2020年，城乡区域间基本公共服务差距明显缩小，争取基本实现公共服务均等化……相应地，这一目标的确定，就要求各级政府从制度层面进行有效统筹，紧跟公共体育服务整体的发展进度。也就是说不仅仅是公共体育服务政策法规的供给要跟上公共服务政策法规体系建设的步伐，有层次、有梯度地供给，而且要求公共体育服务政策法规供给必须始终为保证体育领域按时实现公共服务均等化目标做贡献。随着公共体育服务的深入发展，对政策法规资源的全面性和系统性要求也越来越高。这就需要协调各种法制资源，统筹兼顾地加强公共体育服务政策法规的供给。既要服从社会主义法治建设的要求，又要体现公共体育服务的内在特点；既要在公共体育服务的政策法规的立法、执法、监督和法治队伍建设等方面加强系统供给，又要全面实现体育健身场地设施、体育组织建设、科学健身指导、公共体育服务经费投入等方面的均衡供给；既要适合本土化发展的需要，又要有一定的国际法治视野；既要发挥各级体育行政部门的供给作用，又要密切联系其他行政部门协同供给，充分发挥社会各个部门的作用，形成联动合力。这些对于公共体育服务体系的建设是非常有利的。

在坚持统筹兼顾的原则过程中，我们要充分利用市场和社会等多元化力量，为公共体育服务体系的建设提供充分的保障。大量的实践表明，公共体育服务除政府供给之外，还包括市场供给和社会供给。市场供给以市场化运作的方式利用经济规律聚合以体育企业为代表的公共体育服务的生产主体，这样不仅能够直接高效地回应多样化的社会需求，也能够高效地配置体育资源。社会供给的主体则主要来自各个非营利性质的社会组织和社会力量。这些组织通常具有公益性质和自愿性质，是由公民根据共同意愿或兴趣自发构成。这些组织在公共体育服务中也可以成为体育产品的供给主体。在多元化供给模式发展的情况下，政府需要改变职能定位，在公共体育事业领域，应通过体育发展进行战略调整和制度保障，充分动员社会力量，实现体育资源的优化配置。同时还应加强制度创新，建设服务型政府管理模式，按照广大公民的体育需求，实现公共体育服务的均等化发展。

除此之外，统筹兼顾原则还要求公共体育服务体系的建设要具有一定的前瞻性，对公共体育服务体系内各种内容的建设与规划要科学和合理。一般来说，公共体育服务体系并不是固定不变的，而是不断变化和发展的。在不同的历史时期，其内涵和价值也会发生一定的变化。因此，正确地认识基本与非基本公共体育服务的关系就显得尤为重要。我国基本的公共体育服务建设的总体目标和价值追求，要充分体现出普惠性，能充分保障人民群众的基本体育权利，能保证人人享有体育权益均等化，实现社会公平。

综上所述，公共体育服务体系的建立需要以基本权益的制度性保障为后盾，即保障公民的基本体育权利，要通过一定的法律形式予以确认和保护。在构建公共体育服务体系的过程中，我们还要正视区域发展不平衡的问题。针对经济水平发展不同的地区，合理调整公共体育服务的服务对象、保障标准和覆盖水平，尽可能地满足广大人民群众日益增长的各种体育需求。

总之，在现代社会背景下，我们必须坚持以人为本的价值先导理念，坚持公平公正、注重效率、统筹兼顾的实践导向，努力构建一个科学和完善的公共体育服务体系，以便更好地为人民群众参加体育活动服务。

第三节 公共体育服务体系的制度更新

在现代社会背景下，为了保证各项事业的健康发展，政府往往会制定一定的政策和文件加强对某项事业的管理，这就是所谓的制度安排。制度安排，就是管束特定行动模型和关系的一套行为规则。这一套行为规则是政府根据当前的资源总量和配置方式来制定的，当前公共体育服务的需求与供给使体育事业发展与经济社会发展更加紧密地交织在一起。因此，构建一个科学和完善的公共体育服务体系势在必行。

一、公共体育服务供给内容的制度创新：形成三位一体的服务内容体系

当前我国公共体育服务正处于一个供给主体单一、效率不高的特定历史阶段。在今后发展的过程中，国家相关部门必须采取必要的手段和措施对现行体育制度进行创造性发展，把满足人民群众的公共体育服务需求建立在促进资源配置效益最大化和公平合理化的制度建构上。在新的时代背景下，促进群众体育与竞技体育协调发展，促进体育事业与体育产业协调发展，既是我国发展体育事业的基本原则，也是建构公共体育服务体系的基本保障。随着人民群众体育需求多元化的发展，公共体育服务的外延和内涵也在发生着逐步的改变。竞技体育、群众体育和体育产业在我国的现实国情和当前历史阶段中均具有特定的公共属性，三者与公共体育服务体系建设有着密不可分的联系。公共体育服务不应该是群众体育或全民健身的简单延伸拓展，而应是竞技体育、群众体育

和体育产业三者有机联系并向全体人民提供产品和服务的系统。在构建公共体育服务体系的过程中，必须要加强制度创新，形成一个"三位一体"的服务体系。

（一）努力突破全民健身的瓶颈性障碍

随着人们生活水平的逐步改善和提高，人们对身体健康看得越来越重，全民健身运动的广泛开展就是一个很好的例子。在全民健身日益深入的今天，全民健身是凸显我国体育事业公共性的着力点。在当前经济发展水平日益提高和人们生活质量得到极大改善的条件下，社会居民的消费结构进一步升级，健康需求成为人们生活的基本需求。但是政府所提供的公共体育服务与人民群众的体育需求之间还存在着较大的差距，公共体育产品和服务总量不足，各地区之间的体育服务差异明显等这些问题仍然突出。因此，当前我们要建立健全的公共体育服务网络，着力改善基层体育设施条件，突破全民健身的瓶颈性障碍，不断完善公共体育服务体系。

（二）要强化竞技体育的公共产品属性

随着现代竞技体育的不断发展，参与或观看各种类型的竞技体育赛事已成为人们重要的生活内容，成为满足人民群众精神文化生活的一种特殊公共物品。竞技体育赛事向人们所展示出的内容是向全社会提供的一种精神和文化产品，它为人民群众共同享用，满足的是社会的公共需要。同时，竞技体育的发展会对群众体育的兴趣与发展产生一定的引导示范作用。高水平的竞技体育赛事可以给人们带来愉悦的心理需求，起到重要的激励作用。竞技体育能引领群众体育的发展，能在培育践行社会主义核心价值观的过程中发挥更大作用。因此，竞技体育与群众体育可以相互促进、协调发展，而将竞技体育纳入公共体育服务体系是服务型政府建设的内在要求，是实现体育强国战略的需要，也是世界竞技体育强国的共同经验。在新的历史时期，根据整个社会对竞技体育需求的变化和体育事业均衡发展的要求，把竞技体育纳入公共体育服务体系进行整体设计，不仅有利于我国竞技体育的发展，还能有效彰显体育事业公共性的特质，从而促进我国公共体育服务体系的建设与发展。

（三）释放体育产业的公共体育服务供给潜力

随着体育事业的不断发展，体育产业在公共体育服务体系建设方面发挥着巨大的作用。我国体育产业是伴随着体育事业的体制机制改革不断发展而演变的，在当前的经济社会背景下，坚持以人为本的价值先导理念，必须不断发挥体育产业的牵引作用和内在活力。体育场馆服务业、体育竞赛表演业、体育健身休闲业作为体育产业的重要组成部分，它们都具有准公共体育服务的性质，能够采取有效的手段和措施提高公共体育服务效率，从而提高公共体育服务体系建设水平。一个科学、完善的公共体育服务体系才能满足人民群众不断发展的体育需求。在新的公共体育服务体系下，公共体育服务设施比较齐全，体育产品非常丰富，人民群众参与体育运动的热情高涨，这能有效地拉动体育消费，促进我国社会经济的进一步发展，而社会经济的发展又反过来促进公共体育服务体系的建设。

综上所述，竞技体育、群众体育和体育产业均与公共体育服务体系的建设有着极为密切的联系，三者的协调发展对于公共体育服务体系的建设至关重要。因此，在公共体育服务体系建设的过程中，要形成竞技体育、群众体育和体育产业三位一体发展的内容体系。

二、公共体育服务供给方式的制度创新：形成多主体参与的制度创新格局

在现代社会背景下，公共体育服务供给方式的创新是公共体育服务体系构建的核心，这也是一个非常重大的制度更新。制度更新实质上是一种效率更高的制度对另一种制度的替代，是对现存制度的主动变革。在体育领域，体育制度创新的主体主要包括各级政府、各类市场主体、社会组织以及公众，这些要素共同构成了一个制度集合。在我国社会发展背景下，政府在体育事业发展中扮演着制度变迁主导者的角色，推动着体育事业的往前发展。但要想满足人民群众日益增长的体育需求，还必须要建立一个多主体参与的制度创新格局。在

新的时代背景下，一个以全民族的健康和体育公共需求为价值导向的制度创新对我国整个体育事业的发展具有深远的影响和意义。

在新的时代背景下，创新体育制度，实现多主体参与的制度创新是一个值得深究的问题。2014年国务院出台《关于加快发展体育产业促进体育消费的若干意见》，这对于激发市场和社会等多元主体力量，促进体育制度的创新发展，具有重要的意义和作用。

（一）培育公共体育服务的市场供给主体

在现代市场经济条件下，社会主义市场经济制度的完善对于资源的有效配置，各种市场服务产品的推出和发展都具有重要的作用。对于公共体育服务体系建设而言，这能够改善公共体育服务领域政府投入不足以及区域之间投入失衡的结构性矛盾，并且在此基础上解决因历史积累和地域差异所造成的公共体育服务需求差异化和分层化的问题。同时，激发企业的活力，能够拉动体育消费潜力，推动体育产业的发展。吸纳市场力量参与公共体育服务的供给可分为直接供给和间接供给两种方式。直接供给包括企业为体育消费群体直接提供产品和服务，参与公共体育设施的开发建设，进行资本投入和运营。间接供给主要是市场主体与其他组织达成合作协议，扮演服务生产者的角色，通过市场化的运作手段，实现公共体育服务供给。

（二）加强对体育社会组织制度的吸纳

一般情况下，公共物品都具有重要的外部性特征，政府和市场在其中扮演着重要的角色，但有时也难免会出现失灵的现象，这是不可避免的。一个完整的社会体育机构可以和政府进行更加有效的信息交流，提高政府在购买公共体育服务的过程中合同签订与项目推进的效率，进而实现资源合理配置、降低管理成本、提高服务质量的目的。随着各种体育组织和社会利益团体作为初级的行动团体提出政策倡导，拓展参与公共体育服务生产与供给的渠道，多元供给的局面将逐步形成，而政府则应在制度层面对社会组织进行规范和管理，逐步完善监管长效机制，确保公共体育服务体系建设的顺利进行。

(三)激活公众力量参与体育治理

不同区域、不同的群体对于公共体育服务的需求具有一定的差异。因此，我们在构建公共体育服务体系的过程中，政府和其他供给主体提供的产品和服务需要建立在公众偏好及评价的基础上，使供给与需求逐步达到均衡，供给效率达到最优，这样才是最理想的状态。从历史演进的角度看，有学者指出，政府对包括群众体育在内的体育事业的治理能力不足主要表现为制度建设欠缺系统性、针对性和回应性。因此，有学者提出对我国群众体育"贫困"的治理应由输入式治理为主逐步转向参与式治理。这种参与式的治理应该包括发挥社会组织和公众参与的力量。

综上所述，强制性制度变迁和诱致性制度变迁这两种不同的范式对我国体育制度创新的路径选择有着理论上的借鉴意义。随着社会主义市场经济的不断发展，制度变迁将不仅是一个由国家强制推行、自上而下的过程，而且将是一个由各种获利机会诱致变迁需求、自下而上的过程。当前，政府购买社会服务和推动社会组织发展等举措正在朝着制度化的方向发展。随着市场在资源配置中逐渐发挥决定性的作用，社会组织的力量日益壮大，体育制度的创新主体将呈现日趋多元的态势，各种体制外的行动主体将试图在新的制度安排中寻求获利机会。这一过程"意味着现行利益分配模式的打破和再造，不同利益集团之间的利益博弈结果决定了制度变迁的过程和方向"，政府如何应对、利用、吸纳这些诱致性制度变迁的机会对于推动我国体育制度创新和构建合理完善的公共体育服务体系将起到至为关键的作用。而这一制度创新的过程也是一个由政府、市场、社会组织和公众等多元主体共同参与建构的过程，由此生成的制度系统有利于满足人民群众的体育需求，实现促进人民体质健康的目标。

通常情况下，政府是公共体育服务的主要提供者，政府决定了供给内容、规模、质量等。从公共体育服务运行过程来看，政府不仅要负责资金的投入，同时还要负责具体的服务生产。在建立与完善社会主义市场经济体制的当下，政府允许市场主体进入供给领域，使得供给主体筹资方式和筹资渠道日益多样化，有助于提高公共产品和服务配置效率。同时，民间体育组织的参与能够在一定程度上弥补政府与市场供给的缺陷。竞争是繁荣的原动力，供给主体之间的竞争是公共体育服务质量的重要保障，但是要实现均衡发展就要保证各主体之间能够达成合作并协调发展。在公共体育服务供给过程中要想保障公共体育服务的供给效益就要充分利用市场形成的激励制度和民间组织的灵活性与应变性等特征并根据经济社会环境的变化，采取多种组合模式。这种方式能够为我国公共体育服务供给模式提供良好的借鉴。

但是，强制性制度变迁和诱致性制度变迁是有利有弊的。由国家主导的强制性制度变迁具有稳定性、连续性和可控性的特点，能在短时间内将特定的价值导向、运行模式和供给方式输入到制度系统中。比如国家可以通过对公共体育服务体系的规划设计、标准制定和示范区创建来高效率地推进制度变迁。但如前文所述，制度也有长期性、稳定性和关联性的特点，一旦形成特定的制度结构，潜在的利益和价值创造主体就无法在既定结构中实现其目标，只有当一项新的制度安排能对其成本和收益予以考量，才能吸纳新的创造主体，进而增加全社会的收益和福祉。同样地，诱致性制度变迁虽然能够提供更加高效的制度替代方案，摆脱旧制度的惯性依赖，但却具有偶发性、不稳定性和不可控性的特点，而且一般而言，诱致性制度变迁通常需要得到国家的推动才能实现。换而言之，基于政府主导的制度创新与社会主导的制度创新均有难以避免的负面因素，想要有效消除两者的负面因素就需要建立起政府与社会互补型的体育制度创新模式。因此，总体而言，必须要把强制性制度变迁和诱致性制度变迁的优势有机结合起来，使由多主体参与的制度创新形成优胜劣汰的良性竞争效应。这样才能为公共体育服务体系的建设营造一个良好、健康的环境。

第二章
城市公共体育空间的概念研究

第一节 城市体育休闲公共空间的特征及分类

一、城市体育休闲公共空间的特征

城市体育休闲公共空间作为城市公共空间的一部分,它首先应具备城市公共空间的基本特征,此外由于体育休闲公共空间主要是指以体育休闲健身为主要目的,满足人们健身需要的场所,它还具有自身独有的特征,因此综合起来主要表现为以下方面。

(一)公共性

公共性,首先表现在城市体育休闲公共空间是为社会大众服务的,而不仅仅为少数人所享用。作为城市体育休闲公共空间的首要特性,其目的是为普通老百姓创造一个自由自在地进行休闲健身运动的场所,使人们能够达到休闲、健身、娱乐的目的。通常私人休闲空间是封闭的,如私家园林、别墅等,仅对家人朋友开放,而公共休闲空间则应是对普通大众开放的,是不同阶层、年龄、性别的人都可以进入的空间。但公共性不代表个人可以随意占有和使用城市体育休闲公共空间。这种公共性体现的不是个人的主观意愿,而是全体社会成员的共同意志和需求。

（二）开放性

开放性，主要是指用于体育休闲健身活动的公共场地设施对居民的开放情况。通常是指对城市所有居民开放，不设立任何的"门槛"，任何居民都可以享受和使用，且人们能够直接进入，并切实感受到体育休闲活动的真实性。扬·盖尔在《交往与空间》中指出："在市区街道和市中心，社会性活动一般来说是浅层次的，大多数是被动式的接触——作为旁观者来领略素不相识的芸芸众生。[①]"这就说明被动式、不开放的公共空间，使人无法进行深层次交流，无法表达人的真情实感，算不上真正的空间。此外，开放性还指城市体育休闲公共空间与其他类型公共空间的相互转化。城市体育休闲公共空间可转化为其他类型的公共空间，如体育场地在特殊需要时可转化为文艺演出的场地；其他类型的公共空间也可转化为体育休闲公共空间，如广场、公园等公共空间可以通过进一步改造而转化为体育休闲公共空间；社区内学校的运动场在清晨及节假日对市民进行开放，具有休闲功能，而在教学期间则作为学生学习的主要场所。体育休闲公共空间作为以提供休闲健身为目的的空间场所，它一定是可进入的、开放的，人们不能进入的、只可远观的空间是不能称之为体育休闲公共空间的。

（三）层次性

层次性是指城市体育休闲公共空间可划分为不同的层次等级。通常根据空间的服务半径，将体育休闲公共空间分为社区级、区级、市级三个等级层次。等级层次不同的体育休闲公共空间表现出的功能也不相同，它们能够满足不同人群的体育休闲需求。城市体育休闲公共空间层次是城市体育休闲行为的反映，它的形成是体育休闲活动的主体者、体育休闲空间的类型以及体育休闲空间的功能共同作用的结果。城市体育休闲公共空间的层次等级受到体育休闲参与者的多少、体育休闲公共空间的需求大小、体育休闲公共空间进入门槛的高低、

---

① 〔丹麦〕扬·盖尔. 交往与空间［M］. 何人可，译. 北京：中国建筑工业出版社，1971.

体育休闲公共空间的距离远近、体育休闲活动的时间频率多少等[①]因素的影响。通常情况下，不同层次级别的体育休闲公共空间在不同指标特征上都存在着差异，如空间距离、活动性质、休闲者数量、体育休闲活动时间频率、需求量以及门槛入口等方面。

二、城市体育休闲公共空间的分类

（一）根据服务半径与对象分类

根据服务半径可将城市体育休闲公共空间分为市级、区级和社区级体育休闲公共空间。具有标志性、历史悠久、远近闻名的城市公园、广场、体育馆等为市级体育休闲公共空间。如北京的奥林匹克公园、上海的外滩、青岛的五四广场等公共空间，它们不仅是本市居民体育休闲的好去处，同时也是外来游客主要观光游览的重要场所。而位于区级的城市广场、公园、体育馆、游乐园，则属于区级体育休闲公共空间，它的主要服务对象通常是以区级的市民为主。位于居住小区附近的或小区内的，市民步行就能到达的全民健身路径、社区公园、广场、游乐园等，属于社区级体育休闲公共空间，它的主要服务对象是社区的居民。

尽管城市体育休闲公共空间可以按照服务半径与对象进行分类，但并不是说服务半径越大、知名度越高的体育休闲公共空间越具有适用性，相反的是社区附近的体育设施、广场、空地等公共空间才直接与老百姓的生活息息相关。衡量城市体育休闲公共空间最基本的要求是方便适用、可达性强。社区体育休闲公共空间作为居民身边的公共空间，才是城市居民休闲健身最为需要的场所。因此大力发展社区体育休闲公共空间，满足居民的实际需求，才是当务之急。当然，既在老百姓身边、又有标志性意义的体育休闲公共空间将更为人们所向往。

---

① 黄家美. 城市游憩空间结构研究［M］. 合肥：安徽师范大学硕士论文，2005.

（二）根据使用时间与方式分类

根据到达体育休闲公共空间花费的时间，以及借鉴都市体育生活圈的理论，可将城市体育休闲公共空间划分为日常体育休闲公共空间、周末体育休闲公共空间、节假日体育休闲公共空间。根据使用方式可将体育休闲公共空间分为适用于步行和骑行的体育休闲公共空间。步行体育休闲公共空间是指城市的小区、广场、公园，以及健身步道等公共空间，是人们使用公共空间最主要的方式，能够满足不同年龄、不同层次人的需求。骑行体育休闲公共空间主要是指为人们进行骑车健身锻炼而专门开辟的骑行道路，现在很多城市都在陆续完善这个系统，从而更方便人们的出行健身。

（三）根据功能特征分类

根据空间的功能特征可分为专门性体育休闲公共空间和非专门性体育休闲公共空间。专门性体育休闲公共空间，是指专门为城市居民提供休闲活动的公共健身场所，它通常包括大型的体育场馆、全民健身中心等；非专门性体育休闲公共空间，是指主要目的不是专门为居民提供的体育休闲活动的场所，但通常这些场所也具备体育休闲健身功能，如广场、公园、绿道等体育休闲公共空间。随着人们生活水平的提高，健身需求的增加，专门的体育休闲健身场所很难满足人们的需求，越来越多的人会在非专门的体育场地的设施上进行休闲健身。《全民健身计划（2011—2015年）》中明确提出，要大力建设体育场地，有条件的公园、绿地、广场普遍建有体育健身设施[①]。因此，充分挖掘非专门的体育场地的体育休闲健身功能，能够更好地弥补体育场地设施的不足。

此外，体育休闲公共空间还可以分为综合型体育休闲公共空间、单项型体育休闲公共空间。综合型体育休闲公共空间是指能够提供多种类型运动项目的体育休闲活动场所，如综合型的体育场馆；单项型体育休闲公共空间是指仅提供单个运动项目的体育休闲活动空间，如网球场、瑜伽馆等。

---

① 国务院. 全民健身计划（2011—2015年）[S]. 中央政府网，2011-2-15.

（四）根据形态特征分类

根据空间形态特征可将体育休闲公共空间分为点（块）状体育休闲公共空间、带（环）状体育休闲公共空间。点（块）状体育休闲公共空间主要指城市的广场、公园、绿地等体育休闲公共健身场所。由于受快速城市化，以及城市建设中盲目追求形象工程的影响，使得现在很多城市都追求大型的、规模宏大的城市广场和公园，但真正属于老百姓的社区广场、公园却呈现出严重不足的现象，造成了城市公共资源的布局、配置极不平衡。带（环）状体育休闲公共空间主要是沿街、沿河、沿湖、沿城等带（环）形延伸的休闲健身步道、绿道以及健身游憩带。由于中心城区巨大的产业、人口集聚效应，以及城市生态发展的环境效应，带（环）状体育休闲公共空间将是城市人们未来追求休闲生活的重要公共空间。

第二节　城市体育休闲公共空间典型类型

一、城市社区体育休闲公共空间

社区作为城市的基本单位，是人们生活交往最基本的场所。社区体育休闲公共空间，就是在社区里能够为人们提供健身、娱乐、休闲的公共场所。它除了拥有城市公共空间的特性，还有其自身的特性。它首先应当满足人们基本的健身需求，因此基本的公共的体育设施是小区里不可缺少的。《2001—2010年体育改革与发展纲要》指出，我国城市体育以社区为重点，社区体育要坚持业余、自愿、多样，加强其体育设施的规划建设，积极为居民提供适宜的健身场所。①社区体育休闲公共空间需要服务的对象为社区内的居民，因此在服务半径上要按照一定的标准来建设，其距离不能离服务对象过远。理想的情况是要求服务半径内的居民只通过步行就能到达。社区体育休闲公共空间的主要功能是满足居民在空余时间开展休闲健身活动的需求，在使用上需要有足够的便利性。因此社区基础设施的水平、公共服务的好坏、休闲空间的多少、环境绿化的情况、生活方便的程度等都直接与人们的生活品质息息相关。布局合理的社区体育休闲公共空间，不仅有利于促进人们健康地锻炼身体，而且有助于促进人们的交往与沟通，从而促进人与环境的和谐发展。而布局不合理的社区体育休闲公共空间，则会严重阻碍人们的交往与发展。方便、快捷是城市社区体育休闲公共空间的最大的特点，可以说，社区体育休闲公共空间是城市体育休闲公共空间中最贴近老百姓的空间，是城市公共空间的精华和本质，是城市公共空间中最为重要的空间之一。

社区体育休闲公共空间建设，应与社区居住人口规模相适应。不同社区人口规模不一样，所需的体育休闲空间也不相同。《关于加强城市社区体育工作的意见》中指出，政府要对社区和学校的体育场地加强建设，现有的居住区要进一步开发，修建简易的体育场地；新建社区要按规划进行建设。②另外，国家体育总局在《城市社区体育设施用地指标》（2005年）中指出，城市社区体育设施的分级是以人口规模为基准的，根据人口规模与居住区分级标准，社区体育设施可分为不同的等级规模。③每个等级的规模和服务范围各不相同，最终形成完善的社区体育设施等级体系。同时，社区体育设施规模的确定也以《城市居住区规划设计规范》中关于居住小区一级的体育设施相关规定作为参考。规范规定小区级规模每千人应配置的体育设施的建设面积为 $45m^2 \sim 75m^2$。④在体育设施建设制定过程中，首先要考虑普通居民的需求，应该根据不同居民的需

---

① 国家体育总局. 2001—2010年体育改革与发展纲要［N］. 中国教育报，2000-12-15（003）.
② 国家体育总局. 关于加强城市社区体育工作的意见［S］. 2005-6-15.
③ 国家体育总局. 城市社区体育设施建设用地指标［S］. 北京：中国计划出版社，2005.
④ 国家技术监督局，国家建设部. 居住区规划设计规范（GBJ50180-93）［S］. 北京：中国建筑工业出版社，2002.

求，建设不同类型的休闲娱乐设施、全民健身场地等，以满足居民日益增长的体育活动需求。同时，提高中小型体育场地建设的标准，建设居民身边的、适宜的全民健身示范工程。如社区体育中心、小区体育中心、居住区健身点、社区健身路径等。这些是最直接面向居民的体育运动场所，是未来城市发展的方向，也是公共体育事业的重点，社区体育建设的重中之重。①

二、城市公园体育休闲公共空间

《园林基本术语标准》中指出，公园是向全社会开放，供公众游览、观赏、休憩、开展文体及健身等活动的城市绿地。②公园按其主要功能和内容，可分为综合公园、社区公园、专类公园、带状公园和街旁绿地等。城市绿地系统分别按3000米服务半径、1000米服务半径、300米服务半径布局市级公园、区级公园、便民型街头绿地，方便居民使用。《城市公园设计规范》中指出，市、区级公园人均占有公园面积以60m²为宜，居住区公园、带状公园和居住小区游园以30m²为宜，风景名胜公园人均占有公园面积宜大于100m²。③城市公园绿地是城市建设重要的组成部分，体育设施与城市绿化和公园建设相结合，不仅能使体育锻炼场所的外部环境得到改善，而且还能够使城市土地和公共设施得到充分的利用。④

将体育建设设施融入城市公园的建设中，能够为社会公众创造用于开展休闲活动和体育健身运动的公园体育休闲公共空间。这些公共空间随着城市公园和绿地的延伸能够广泛覆盖到城市的各个商业区和居民区，为公众的休闲健身活动提供了极大便利。同时使得城市公园和绿地的使用价值得到了进一步的提升，大大提高了美观度和利用效率。不同的体育休闲活动，对场地的需求也各不相同，如跑步需要线形的步道，而滑板运动在广场比较容易开展。因此，城市在规划和建设体育休闲公共空间时，可以根据居民的不同需要，建设功能多

---

① 黄兆生. 城市社区体育设施规划与设计策略研究［D］. 重庆：重庆大学硕士论文，2010.
② 国家建设部.《园林基本术语标准》（CJJ/91-2002）［S］，2002.
③ 北京市园林局.《公园设计规范》（CJJ48-92）［S］，1993.
④ 王华. 城市公园中参与体验性活动初探［D］. 南京：南京林业大学硕士论文，2010.

样化的体育健身设施，形成类别不同的体育休闲公共空间形式，进一步提高群众体育活动的丰富性。其中主要类型包括两种：一种是显性的体育休闲公共空间，通常会布置在大中型公园和绿地之内，具有较大的运动场地和完善的体育设施；另一种是隐性的体育休闲空间，在这类空间中，体育设施规模较小，主要布置在街边绿化带、社区绿化带和小型公园中，通常与一些景观设施构成一个整体。在居民进行休闲放松活动时，能够随时进行体育锻炼。在其建设过程中，两者都应予以发展，不可有所偏颇，而往往隐性体育休闲空间占有更大的比重。

在充分认识到城市公园体育休闲公共空间的价值后，各地城市政府在城市建设和改造过程中，应该围绕城市居民日益增长的体育健身需求，合理利用城市中的公园、绿地资源，打造丰富多样、覆盖广泛的体育健身设施，为居民的休闲健身生活提供便利。为了实现这一目的，可以从以下四个角度入手：一是可以在新城区的公园建设中，打造以体育为重要功能的体育公园或综合游乐园。二是在城市绿化工程中，围绕景观、绿地和社区公园建设，设置便捷性的体育器材和设备，使城市绿地得到有效利用。三是对已有的公园和绿地进行改造，按照居民的需求新增体育设施和场地，使旧公园焕发新面貌。四是要使体育设施深入社区，围绕居民区的公共空间增加简易的体育健身器材，为居民日常休闲放松的生活增加体育锻炼的环境。

三、城市广场体育休闲公共空间

广场最早源于古希腊，是人们进行集会、演讲、户外活动和社会交往的主要场所。最初城市广场的特点与位置是松散和不固定的，是为满足城市生活的多种需要而建的城市户外公共休闲活动空间。到了中世纪时期，广场的功能和形态有了进一步的拓展，广场成了城市的中枢空间，被誉为城市的"心脏"。而到了巴洛克时期，城市广场与城市道路进行了融合，摆脱了主体建筑的束缚，成为与道路系统和城市动态空间相结合的组成部分，使城市广场向着综合性方向发展。

我国城市广场的发展起步较晚。解放初期广场主要为政治集会所用，改革开放以后，现代的城市广场才得以发展，改变了城市空间结构，也改变了城市空间缺乏的局面。但由于我国城市广场建设还处于摸索阶段，广场建设中出现了一些误区，存在许多问题。随着社会的进步与发展，人们对闲暇、自由的需求越来越强烈，渴望拥有宽敞、舒适、自由的休闲公共空间，已是人们的一种精神追求。城市广场作为城市公共空间的重要组成部分，是城市居民社会生活的中心场所，是重要的休闲公共空间，同时也是城市中最具魅力，最有公共性，也最能反映现代城市文明的开放的公共空间。国内城市规划根据广场服务等级的不同分为：①市级广场，如城市中心的广场、中心区商业中心广场等；②地区级广场，如地区中心的广场；③社区级广场，如社区公园、地段广场等。其分类方法按照辐射范围具体的大小来定，可分为：①一级广场，服务半径 1500 米以上；②二级广场，服务半径 1000—1500 米；③三级广场，服务半径 500—1000 米；④四级广场，服务半径 500 米以内。城市广场体育休闲公共空间的布局，与广场的功能以及广场中人群的活动有关。城市广场的规模、面积和地段等指标的确定，也需要按照居民活动的规律为重要参考。《城市用地分类与规划建设用地标准》指出，广场面积宜为 $0.2m^2 \sim 0.5m^2$/人。城市广场的建设，还需要考虑其辐射范围，而辐射范围主要受到道路、交通和广场的位置情况的影响。通常在市区繁荣地段和交通枢纽地带的广场，其辐射范围将会得到极大扩展。人群的活动与辐射范围，决定了广场最终的利用率和使用效果。时下城市广场作为人们的健身场所，已越来越为人们所热衷，但正因此也暴露了许多问题。如广场舞扰民正反映了这个问题，它进一步彰显了城市体育休闲公共空间的缺乏。因此，对城市广场的建设，应该在吸收国外先进设计理念的同时，结合各城市的实际情况，坚持以人为本的原则，注重城市场所精神的营造与城市文化内涵的挖掘，从而创造更加丰富多样的城市广场体育休闲公共空间。

四、城市绿道体育休闲公共空间

绿道（greenway），来源于 greenbelt 和 parkway。美国学者查尔斯·E.利特

尔（Charles Little）的经典著作《美国的绿道》(Greenway for American)①一文中，绿道通常是指沿着自然的廊道（如山脊线、溪谷、河滨等），或是沿着人工的廊道而建立的可供行人行走或骑行的线性开敞空间。国务院《关于进一步推进全国绿色通道建设的通知》（国发〔2000〕31号）中指出，绿色通道建设主要是对公路、铁路、河渠、堤坝等沿线进行绿化美化，是国土绿化的重要组成部分。②2010年广东省率先开始建设绿道，截至2010年12月珠江三角洲地区的9座主要城市，已初步形成了6条区域绿道骨干主线，累计建成区域绿道达到2372公里、驿站近350个、自行车租赁点近400个以及安全设施标识牌等其他相关设施。③目前我国各大城市都纷纷建设绿道、休闲健身步道等，这些场所主要用于人们进行休闲健身。按照"绿道"的大小、规模、服务半径等，可将"绿道"划分为社区级、城市级和区域级三个级别。绿道的级别不同，其辐射的范围也不一样，服务的人口数量也有所不同。相对应的可分成社区绿道、城市绿道和区域绿道三种类别。社区绿道主要连接居住区绿地，以广州为代表的社区绿道，将居民日常生活中相关区域的通勤、健身、休闲等连接起来；城市绿道主要连接城市里的公园、广场、游憩空间和风景名胜，以深圳绿道为代表的城市绿道，将城市内部的城市公园、街头绿地、滨水绿带与城市郊区的自然山体、农田、自然保护区相联系，形成了一个城市系统；区域绿道主要是连接城市与城市的区域通道，以广东珠三角城市带为代表的区域绿道建设层面，突破单个城市的界限，将城市与城市联结起来，形成多市共建的绿道模式。④

绿道体育休闲公共空间指的是绿道的空间结构，最主要的特征是一种线形的绿色开敞空间，包括各种绿野山林的登山道、栈道、社区、公园的自行车道、步行道。线性结构产生的原因是绿道通常采取因地制宜的方式，主要沿着山路、街道或河流的走向来进行建设。线性分布结构中，建设单位会根据自然地势、用地面积和使用习惯的不同，布置相关的公共设施。在绿道中布置体育健身设

---

① [美]查尔斯·E.利特尔. 美国绿道[M]. 余青，等译. 北京：中国建筑工业出版社，2013.
② 国务院. 关于进一步推进全国绿色通道建设的通知[S]，中国政府网.
③ 广东省住房和城乡建设厅. 珠三角区域绿道（省立）规划设计技术指引（试行），2010.
④ 孙帅. 都市型绿道规划设计研究[D]. 北京：北京林业大学博士论文，2013.

施时，也需要采用类似的布置方式，结合使用者的使用规律和人群密集度合理布置体育产品，使体育设施的使用率和覆盖率达到最理想的效果。这种线性分布、分层级的建设和布置绿道体育区域，能够将城市各功能区联结在一起，大大提高游憩资源的可达性，实现绿道健身网络结构系统化。

第三节　城市体育休闲公共体育空间研究的启示

一、为各类型城市体育休闲公共空间研究提供理论基础

城市体育休闲公共空间的概念、特征、类型是城市体育休闲公共空间研究的基础理论。通过对其基本概念、分类等的界定，为各类型城市体育休闲公共空间研究提供了一定的基础。社区、公园、广场、绿道等体育休闲公共空间在人们生活中分别扮演不同的角色，明确了什么样的体育休闲公共空间才是合乎人们需求的，未来的发展将以何样的体育休闲公共空间为主，小而精的体育休闲公共空间更为人们所向往。

二、为城市体育休闲公共空间供需改革、优化配置提供理论依据

美好生活是人们对未来的期盼与渴望，追求美好生活是人们不懈努力的奋斗目标。对美好生活的需要是需要的最高层次，对城市体育休闲公共空间的需求，是美好生活的重要体现。在对城市体育休闲公共空间基本理论分析的基础上，根据人们的需求，按照体育休闲公共空间的服务半径、可达性等，合理配置优化城市体育休闲公共空间，提高公共空间质量，满足人们体育健身需求，是实现美好生活的重要手段。城市体育休闲公共空间基本概念、类型等基础理论的研究，为城市体育休闲公共空间的优化配置、改革发展等提供了一定的理

论依据。

三、为城市规划建设部门提供理论参考

城市体育休闲公共空间基本理论的研究，明确指出什么是城市体育休闲公共空间，界定了其范围，分析了其特征、类型，从而为城市的建设与发展，城市规划部门制定决策提供了一定的参考。根据城市发展需要，改造现有的城市基础设施，整合协调发展各类型体育休闲公共空间，合理规划各公共空间，完善各类公共空间的功能，使其更好地为人服务，满足人们日益增长的休闲健身需求。

第三章
公共体育的建设与发展研究

第一节 公共体育服务政策法规与组织机构

一、公共体育服务政策法规研究

(一) 公共体育服务的提出

讨论中国的公共体育服务必须先考察公共服务。从一般意义上讲,公共服务是指由公法授权的政府和非政府公共组织以及有关工商企业在纯粹公共物品、混合性公共物品以及特殊私人物品的生产和供给中所承担的职责[1]。公共服务一般具有社会性、公共性、公平性、福利性和动态性[2]。以经济学角度分析,福利经济学中包含公共服务及公共产品。公共服务及公共产品是被用来解决公众保障性问题的重要手段。

公共服务引入体育服务范畴后,特别是2000年以来,研究公共体育服务的文章开始增多。这些研究主要集中在公共体育服务内涵、公共体育服务绩效、

---

[1] 马庆钰.关于公共服务的解读[J].中国行政管理,2005(2):78-82.
[2] 刘薇.我国"基本公共服务"理论研究述评[J].经济研究参考,2010(16):64-72.

公共体育服务体系、公共体育服务现状及政策等方面。2008年以后，我国官方文件开始正式使用"公共体育服务"这一概念。2011年国家体育总局公布的《体育事业发展"十二五"规划》也正式使用"公共体育服务"一词。

（二）公共体育服务政策与法规

1.公共体育服务政策

新中国自成立以来，就十分重视大众体育工作。20世纪七八十年代，国家体委与各有关部门组织完成了三项大的科学普查，并研制出我国青少年生长发育、机能、素质的评价标准，修改完善了《国家体育锻炼标准》，提出了"发展体育运动，增强人民体质"的口号。

《全民健身计划纲要》的实施，标志着大众体育迈进了新的时期，国家为群众健身和维护群众参与大众体育的权利提供了法律基础。

在"十二五"期间，我国颁布了《全民健身计划（2011—2015年）》（以下简称《计划》）。《计划》对我国大众体育的发展目标和任务有了更多新的要求，对相关工作和具体措施进行了重新调整和制定。全民健身系列的大众体育活动在全国被推广和普及，大众体育活动迎来了新的机遇。

在"十二五"期间，我国还颁布了《"十二五"公共体育设施建设规划》和《"十二五"公共体育设施建设指导手册（试行）》。该规划在引导资金方面加快了各省市在公共体育实施建设上的工作推进速度。

直至今天，我国仍在不断进行公共体育服务政策的改进，推进全民健身系列的大众体育活动的开展。

2.公共体育服务政策与法规

（1）《中华人民共和国体育法》

《中华人民共和国体育法》规定："国家发展体育事业，开展群众性的体育活动，提高全民族身体素质。"我国法律明确规定了政府在大众体育事业中要承担的责任。国家对体育管理体制进行革新，激励企事业单位、社会机构和民众创办和支持体育事业。

(2)《全民健身条例》

为了全民健身活动能够普及，公民在全面健身活动中能够维护自身的合法权益，提高公民身体素养，我国在2009年发布了《全民健身条例》（以下简称《条例》）。通过法律手段明确了全民健身的目标和任务、全民健身规划、全民健身项目、全民健身保障及相关的法律责任。该条例中规定，公民有依法参加全民健身活动的权利，国家推动基层文化体育组织建设，鼓励体育类社会团体、体育类民办非企业单位等群众性体育组织开展全民健身活动。

条例要求，县级以上地方人民政府应当将全民健身事业纳入本级经济和社会发展规划；县级以上地方人民政府应当将全民健身工作所需经费列入本级财政预算；县级以上地方人民政府体育主管部门应当在本级人民政府任期届满时会同有关部门对全民健身计划实施情况进行评估，并将评估结果向本级人民政府报告。也就是说，公共体育服务以法律形式纳入对基层政府工作的考核指标。这种做法在我们国家尚属首次。

(3)《公共文化体育设施条例》

2003年8月1日我国实施了《公共文化体育设施条例》（以下简称《条例》）。实施该条例的主要目的是推动公共文化体育设施的建设，强化对公共文化体育设备的管理和维护，最大程度地发挥出公共文化体育设施的作用，促进文化体育事业快速发展，满足最广大人民群众的文化体育活动的需求。这个《条例》明确规定了公共文化体育设备的规划与建设、管理与维护、用途与服务以及法律责任。

(4)《学校体育工作条例》

20世纪90年代，我国颁布了《学校体育工作条例》。实施该条例的目的是保证学校体育教育能够顺利开展，促进学生身心健康并茁壮成长。该条例指出："学校体育工作的基本任务是：增进学生身心健康、增强学生体质；使学生掌握体育基本知识，培养学生体育运动能力和习惯；提高学生运动技术水平，为国家培养体育后备人才；对学生进行品德教育，增强组织纪律性，培养学生的勇敢、顽强、进取精神。"

二、公共体育服务组织机构研究

随着我国改革开放的深入，大众体育活动开展的主体呈现出多元化的特点。虽然政府组织在大众体育活动中依然起着主导作用，但是体育企业在大众体育活动的开展中也扮演着越来越重要的角色。我国大众体育组织大致由政府机构、社会团体、企业组织（体育俱乐部）等多元化主体构成。

（一）政府机构

体育公共物品与私人体育物品有着本质的区别，私人体育物品可以由独立的个人决策来解决，而体育公共物品则需要由政府决策来解决。政府在我国体育领域中发挥的职能作用是：进行法律与政策的制定，让公共体育设备建设的投入有基础保证，保障群众具有平等的体育健身的权利，对现有的体育制度进行全面改革，为体育产业的发展提供强有力的支持。政府体育管理部门又可以细分为两种管理组织：一种是专门性体育管理组织，另一种是非专门性体育管理组织。政府专门性体育管理组织包括国家体育总局、省体育局、市体育局等。国家体育总局是负责全国体育工作的行政机构，通过属下各级体育管理机构，领导和管理全国各地大众体育工作。政府非专门性体育管理组织包括中华人民共和国教育部体卫艺司、省教育厅体卫艺处、市体卫艺处（科级）。国家和各级体育管理部门中都设有相应的司、处、科，负责领导、指导、监督和管理大众体育。国家政府机构除由国家体育总局专门管理体育工作之外，国务院所属的其他各部委，也分别主管本部门的体育工作[①]。

（二）社会团体

社会团体简称社团。根据体育界普遍认可的分类方法，全国性体育社团可以分为综合性体育社团、行业体育协会、单项体育协会三类。[②] 从数量上看，

---

① 虞荣娟.中美德日大众体育比较研究[J].体育文化导刊，2010（4）：40-44.
② 崔丽丽.全国性体育社团现状分析[J].天津体育学院学报，2002，17（4）：1-5.

对综合性体育社团和行业体育协会的研究数量较少,数量最多的是对单项体育协会的研究。

1. 综合性体育社团

国家体育总局制定了我国的大众体育体制,而且它还是一种由政府主导的体育管理体制。国家体育总局是国务院的下级行政部门,主要负责管理我国的体育工作。

中华全国体育总会是全国最大的体育团体,由原中华全国体育协进会改组而来,1952年成立于北京。1954年中华全国体育总会得到国际奥委会承认。1979年,全国体育总会和中国奥委会分立。中华全国体育总会及其活动,接受其业务主管单位——国家体育总局,以及社团登记管理机关——中华人民共和国民政部的业务指导和监督管理。其下有中国足球协会、中国篮球协会和中国排球协会等协会。

我国最具有影响力的全国性体育机构是中国体育科学学会。中国体育科学学会是依法登记的全国性、公益性的学术性群众团体。中国体育科学学会是由全国热心体育科学技术的技术爱好者和相关单位自愿建成的。中国体育科学学会的宗旨是团结和组织广大科技工作者,倡导献身、创新、求实、合作的科学精神,在严格遵守国家法律法规和社会道德风尚下,广泛开展体育科技活动,推动体育科技事业的发展和体育科技人才的成长,为增强人民体质、提高运动技术水平服务。

中国奥林匹克委员会是我国重要的体育组织,它的主要任务是发展体育运动和推动奥林匹克运动,主要功能是代表中国协助处理国际奥林匹克事务。

2. 行业体育协会

行业体育协会是群众性机构,主要表现在它领导员工开展体育活动。行业体育协会还是体育社会化的一个关键方面。各行业体育协会既是各行业体育工作的主管机构,又是中华全国体育总局的会员。在我国,各行各业都直接领导和管理它们的行业体育协会,行业体育协会承载着我国职工体育的发展,起着桥梁与纽带的作用。自改革开放以后,行业体育协会有了非常多的发展机会,随着民政部门管理的规范化,行业体育协会承担起了更多的行业竞技体育与群众体育发展的重任。到目前为止我国已正式建立行业体育协会27个，它们是推动职工体育工作不可忽视的力量。

3.单项体育协会

体育协会是群众性业余体育组织，它是遵循群众自愿原则建立的。体育协会组织包括各级体育总会、中国奥林匹克委员会、体育科学社会团体和全国性的单项体育协会，其中全国单项体育协会在全国范围内对本单项运动拥有排他性的管理地位。我国的42个单项体育协会是由跳水协会、棒球协会、羽毛球协会、游泳协会、毽球协会和铅球协会等协会组成。体育协会，尤其是全国性的单项体育协会一般侧重于组织竞技体育活动及职业性体育活动。在我国所有体育机构中，体育总会的比重较小，运动项目协会的比重较大；体育协会的特点是多种注册方式并存，收入途径多元化。在登记注册方面，民营注册的体育协会处于中心地位且占比大，占比比重达到73%，而国有占比比重为23%。

（三）体育企业

1.体育俱乐部

有关部门对我国体育运营主体进行过调查[1]，其结果表明体育服务产业的主要存在形式是体育俱乐部（50.4%），其次是体育学校、武术馆、棋院（19.6%）以及体育中心（11.0%），混合型体育文化广播电视服务中心仅占9.2%。在我国，社区体育俱乐部一开始是作为公益性群众体育组织正式成立并通过政府扶持得以发展起来的。2003年国家体育总局在《国家体育总局办公厅关于开展创建社区体育健身俱乐部试点工作的通知》中提出，从2004年开始使用体育彩票公益金在全国有条件的省、市、区开展创建社区体育健身俱乐部的试点工作[2]。然而，社区体育俱乐部在生存和成长过程中存在着政府、市场和社区等外部压力，因而需要进行市场化的运作[3]。据亚洲运动及体适能专业学院《中国健身俱

---

[1] 张立，苏连勇，谷丽颖等.我国体育组织机构研究[J].体育文化导刊，2014（7）：1-4.

[2] 陆前安，黄荣灵，王兰等.上海市社区体育俱乐部社会资源整合的路径与建议[J].体育科研，2011，32（2）：56-61.

[3] 孙俊涛，张萍.政府、市场与社区体育俱乐部关系研究[J].理论观察，2013（7）：50-51.

乐部调查报告》的数据显示，全国63个城市的健身俱乐部总数在逐年增加。

2.体育产业

在运行机制上，我国的大众体育已由国家办向国家办与社会办相结合的方向发展，由非营利的福利型向福利型、经营型和消费型的方向转化，体育产业的兴起，就是一个最好的证明。[①]过去，我国由于忽视市场的自我调控力和能动性，在政府管理体制的束缚下，体育产业结构单一，政府治理的色彩浓厚。[②]如今，随着市场经济的发展，我国的体育产业经过多年的、按市场规律的发展，产业结构已有很大的调整。据近期有关体育产业的研究报告显示，体育产业已不再是过去单纯地以体育用品业为主，而是已发展成为以体育服务业为核心，与健身休闲、竞赛表演、技术培训、体育中介、体育用品等相关产业共同发展的多元化产业体系。在体育服务业上，非公有制经济的比例扩大，已逐步占主导地位，与公有制经济共同形成多元化投资格局。此外，由于中国地域辽阔，体育产业的发展不平衡，呈现出东、中、西梯度发展的阶梯状格局。近年来，体育公共服务需求不再单一化，体育公益性组织得到了充分的发展。如全国性和地方性体育社团、社区群众体育俱乐部、青少年俱乐部等的实体化，为满足大众体育需求发挥着日益重要的作用。

从经济结构角度分析，在我国核心与边缘体育产业范畴内，民营经济发挥着主导作用，而在体育场所的经营管理、体育学校与体育训练等服务范畴内，官方部门与相关工作者发挥着主导作用，体现在体育场所用地、人才培养项目多是以官方部门为主的特征；健身娱乐、中介代理、体育产品生产与售卖领域多数是以民营经济为主导的特征。

---

① 吕树庭，王伯超等.再论群众体育与社会体育——概念之间关系的梳理与辨析[J].武汉体育学院学报，2006，40（8）：1-4.

② 郝晓岑，刘亚林.我国体育产业发展中的政府行为探讨[J].沈阳体育学院学报，2012，31（3）：38-40.

第二节　公共体育服务经费投入与场地建设

一、公共体育服务经费投入研究

（一）政府机构经费投入

当前，我国体育公共支出的占比非常少，只占我国财政支出的 0.54%，远远低于发达国家财政支出比例标准，而且体育部门的财政经费主要是拨付给竞技体育而非大众体育，这就导致大众体育获得的财政支持非常少。

国家体育总局于 1994 年在全国范围内发行体育彩票。财政部公布 2014 年全国体育彩票销量达 3 823.78 亿元，为体育设施的建设提供了有利的资金保障。国家规定，用于落实《全民健身计划纲要》的资金为年度公益金总额的 60%。国务院下达的《国务院关于进一步规范彩票管理的通知》中规定，从 2001 年起，彩票资金分配比例为：奖金不低于 50%，公益金不低于 35%，发行费用不高于 15%。根据《彩票公益金管理办法》第二条，"彩票公益金是按照规定比例从彩票发行销售收入中提取的，专项用于社会福利、体育等社会公益事业的资金。"

目前，国际上将体育彩票公益金的使用归纳为 3 种不同的模式：①集中筹资，统归财政，如法国、瑞典、荷兰等国家彩票公益金 100% 上缴财政部门，融入国家或地方财政预算整体。②集中筹资，分项支出，如挪威按 3∶3∶3 的比例将彩票公益金在体育、文化艺术和科学研究 3 项事业之间平均分配。③集中筹资，混合使用。这种模式又分为两种类型，一是将大部分彩票公益金上缴国家或地区财政，小部分投向具体用途，如美国马萨诸塞州将 98.5% 的彩票公益金上缴州财政，而将 1.5% 的公益金直接用于支持文化艺术事业；二是把大部分公益金用于具体事业,而将小部分交到国家或地区财政,如保加利亚。部分学者认为,第3种模式比较符合我国现在体育彩票公益金的使用现状,既可以通过上缴财政来满足其他公益事业利益的需要,从而得到广大民众的认可,又可以照顾到我国体育事业发展的需要。

(二)社会团体经费投入

黄亚玲指出,社区体育活动经费主要依靠管理机构拨款,有半数以上的社区所用经费由政府提供,同时社区得到的赞助也占了一定的比例。黄亚玲对注册登记的86个国家级体育社团及7个省市的14个省级体育社团进行了经费方面的调查,具体内容见表3-1。

表3-1 体育社团活动的经费来源比例

社区类别	经费来源	百分比(占被调查总体)
市辖区、县级市、县	政府拨款	42.3%
	体委拨款	7.6%
市辖区、县级市、县	各单位分担	26.9%
	各单位轮流承担	2.5%
	各种赞助	15.0%
	其他渠道筹款	5.7%
街道、乡镇	上级体委拨款	3.0%
	街道、乡镇拨款	50.5%
	各居(村)委会出资	8.8%
	辖区单位出资	19.7%
	各种赞助款	13.0%
	其他渠道筹款	5.0%

白逸群认为,由国家直接管理的体育社团,更容易取得国家的体育资源,也更易得到大众和赞助商的青睐;而另一些与大众体育关系密切的社团,虽然希望依靠举办赛事和活动取得一定经济利益,但所得通常有限,一般缺乏资金

和必要的政策支持。①通常来说,国家管理的体育社团往往具有广泛的群众基础,因此能够在政府的帮助下,得到各类公益基金的资金支持,也可以得到企业和群众的赞助。许多不同行业还会建立一些内部的体育协会,如金融行业、石油行业等。这些协会的活动资金也会比较充足。但对于一些公益性的体育社团,如残疾人体育协会、老年人体育协会等,能够获得的资金来源就会比较欠缺,因此更需要政府给予支持。

从总体上看,我国地方体育社团资金不足的现象比较普遍。地方体育社团经费主要来源于商业赞助、会员会费、财政拨款、组织创收、社会募捐、个人赞助等。②其中,通过举办体育赛事活动获得企业赞助资金的比例最高,政府部门提供的资金支持是另一个重要的获取资金渠道③,这部分资金主要是体育社团承接政府部门的任务时政府给予的补贴,较之国外非营利组织平均33%的政府经费支持,我国的这一比例偏低。以上内容反映出地方体育社团为社会服务的能力比较有限。

体育协会的经费主要是以会员会费和政府拨款为主,经费短缺在很大程度上制约了我国体育协会的发展。④我国体育社团在资金方面存在的问题,主要是过度依赖政府,体育社团作为一个独立的非营利组织的体系在我国尚未形成。因此,社团应改变思路和服务方式,逐步转型以争取更多的社会资金⑤。

目前《社会团体登记管理条例》规定的成立地方体育社团的条件,如固定的办公地点、专职人员、3万元以上的注册资金等,对于一些群众性自发的体育组织来说过于苛刻。因此,出现了一些未经注册,但照常开展活动的组织,不

---

① 白逸群.举国体制下中国体育社团的现状及发展对策刍议[J].安徽体育科技,2010,31(6):1-3.

② 王旭光,杨莉,王迪佳等.我国地方体育社团的现状、面临问题和发展对策研究——基于建设多元化公共体育服务体系的视角[J].天津体育学院学报,2008,23(4):302-305.

③ 肖峰.我国省区市体育社团经费来源现状及其发展思路的研究[J].北京体育大学学报,2005,28(7):874-876.

④ 姚兰发.黑河市体育协会活动经费情况调查与分析[J].体育科技文献通报,2011,19(4):100-101.

⑤ 王瑞文.和谐社会我国社会团体的发展取向[J].前沿,2006(5):182-184.

利于主管部门的监管和扶持。

(三)体育俱乐部经费投入

1.社区体育俱乐部经费投入

我国的社区体育俱乐部是在政府扶持与倡导下创建的。2008年,《社区体育健身俱乐部试点工作》政策开始施行,由国家、省、市三级体育行政部门的体育彩票公益金和俱乐部上级单位支持经费作为创办社区体育健身俱乐部的启动扶持资金,四者的投入比例为2∶2∶1∶1。我国的社区体育俱乐部具有独立经营意识不够,缺乏经营手段,不论是群众活动或体育竞赛,基本上都靠政府投资的特点。社区体育俱乐部其实在经营上具有很大的可发展空间。近年来福建省商业健身俱乐部会员年费为2 000～4 000元,而社区体育俱乐部会员年费为10～15元,从会费额度差距可以看出两类俱乐部在性质上的区别。

与一些发达国家的社区体育俱乐部收缴会员费的比例相比,而我国城区的社区体育俱乐部收缴会员费的比例相对较低。

2.学校体育俱乐部经费投入

高校体育俱乐部获取经费的重要途径是:高校学生的入会会费、场馆器材使用费用、高校体育教育经费、企业进行广告宣传的赞助费等。高校体育俱乐部要想节省支出费用就需要采用合理的管理方案,比如,让学生自己购买网球和网球拍、高尔夫球和高尔夫球杆等。

3.职业体育俱乐部经费投入

现阶段,我国职业体育俱乐部获得经费的重要途径有以下几种:第一是企业投资;第二是赛事门票收入;第三是广告、赞助支持;第四是国家专项经费;第五是电视转播权转让收入;第六是球员转会费收入;第七是体育彩票收入;第八是开发、售卖周边产品获得的利润。

我国职业运动的生存和发展离不开社会的支持,所以社会资金是它取得经费的重要途径。我国职业运动取得社会资金的重要方式有:体育赛事、体育演出收取的门票费、电视转播费、广告宣传费、知名企业的赞助费,以及开发和售卖多种周边产品获得的利润等。

二、公共体育服务场地设施建设

（一）全民健身活动中心

全民健身活动中心是指由国家体育总局命名，各级地方政府、企事业单位和社会投资或兴建，专用于开展群众性体育健身活动，向公众提供公益性体育健身服务，具有一定规模的多功能综合性体育设施。自我国《全民健身计划纲要》颁布以来，"全民健身活动中心"（以下简称"中心"）在全民健身中起着日益重要的作用。从2009年开始，"中心"在发展过程中，已经成为我国体育场地设施建设的一种新的、重要的形式，在全民健身活动中发挥了重要的作用。室内型中心体育场地设施建筑面积不少于4 000平方米，其中用于体育健身活动的面积不少于3 500平方米；室内外相结合型中心体育场地设施占地面积不少于8 000平方米，室内场地设施建筑面积不少于3 000平方米（其中用于体育健身活动的面积不少于2 500平方米）。超过70%的全民健身活动中心隶属于各级体育行政主管部门或其直属事业单位。"中心"现行的管理形式主要包括事业单位管理、民办非企业单位管理和企业单位管理三种形式。"中心"设置最多的项目是乒乓球、羽毛球，分别占到了"中心"总数的85.9%和79.49%。

（二）学校体育设施

目前，我国体育场地的建设数量有了较大幅度的提高，教育系统所拥有的体育设施数量已占到全国总量的65%，可见学校体育场地设施向公众开放是解决居民体育场地问题的重要途径。

学校与社区在一定条件下能够形成结构性互补，因此，政府也非常积极地推动二者进行优质资源整合，要求学校体育场所向社会开放。2009年10月，我国颁布了《全民健身条例》。《全民健身条例》中的第二十八条就明确规定，"公办学校应当积极创造条件向公众开放体育设施""县级人民政府对向公众开放体育设施的学校给予支持，为向公众开放体育设施的学校办理有关责任保险""学校可以根据维持设施运营的需要向使用体育设施的公众收取必要的费用"。当前，我国体育场所的建设有了非常大的变化，教育系统中的体育设施数量占全国总量的65%，所以解决公众体育场地问题最有效的手段就是开放学校体育场地设备。

沿海发达城市和区域的学校体育设备资源更加丰富，向社区开放程度更高，模式更加多样化。例如，广州市统计资料显示，有1/3的广州城区学校采用了与社会资源合作管理的模式，通过引入社会管理、社会服务、社会资金，有效地推进了学校体育场馆向社会开放的工作。

第四章
公共体育服务发展规划

第一节 公共体育服务发展规划的意义

公共体育服务发展规划，是公共体育事业在一段时期内的纲领性文件，对于体育事业的发展具有重大的指导意义。公共体育服务发展规划关系到公共体育服务事业在规划时间内的发展走向和发展重点；关系到公共体育事业能否在新的时代背景下，抢抓新机遇，完成历史使命，实现重大突破；关系到相关政府部门能否承担起"增强人民体质"的历史使命，实现"增强国民身体素质，满足民众体育需求"的宗旨。可以说，公共体育服务发展规划对公共体育服务事业的长远发展而言意义重大，影响深远。

一、指导建设、引导发展的纲领性文件

在过去，体育相关规划的制定中，有的政府部门由于缺少全局意识和服务意识，使公共体育服务发展规划的功能不够全面，重点失之偏颇。在公共体育服务中，倾向于体育基础设施等硬件建设，而对于体育服务的质量、布局结构及多元性、公平性等方面缺少必要的规定。吸收过去的经验和教训，在新时代背景下，各地政府在进行公共体育服务发展规划的制定中，应当转变发展思维，调整政府职能，坚持"以人为本"的理念，围绕全民体育健身需求，构建公共

体育服务发展体系。在规划制定中，除了基本的设施建设目标之外，应当不断提高公共体育服务的质量，使公共体育事业的发展能够适应新时代，为广大居民提供丰富多元的公共体育产品。同时，还需要各级体育部门抓住重点和难点，尤其关注城乡公共体育发展的差距，树立公共体育服务均等化发展目标，使公共体育发展成果惠及更多百姓。

二、建立发展共识、确立目标优先等级的现实载体

我国关于如何建设好我国的体育事业针对各个具体方面提出了规划方案和实施目标，认为首先要将群众日常健身和锻炼的设备进行数量和质量方面的提升。提倡各区域内可以以社区为单位定期组织运动和健身性质的体育活动，并且还要安排掌握专业体育知识的相关人员对群众运动和健身结果进行评价。既保证各区域各年龄阶段群众参加体育活动的频率和运动时间，又可以不断增加群众依靠健身方式对自身生命健康指数的提升效果。针对城乡之间体育健身设备和居民运动意识的不同，对城乡不同区域的居民采取有针对性的健身意识培育和健身运动设备的补充升级，有效增加群众可健身运动的方向。国家和地方各级体育部门都要客观分析本领域、本地区的形势和任务，通过政策引导更加合理地配置公共体育资源，使公共体育资源向中西部、农村和基层倾斜，努力缩小地区、城乡差距。尽早地、更好地让所有公民共享改革发展的成果，共享基本的体育生存与发展权益。

三、实现不同利益主体、系统间沟通与合作的客观依据

在国家统一对各区域体育锻炼目标和具体设备进行要求前，各地区政府针对如何提高区域内部群众运动有效次数进行了较长阶段的研究。但由于各区政府并没有对区域内部群众的实际运动数据进行调查和统计，再加之没有国家关于如何推进体育运动水平提升的相关政策的辅助支持，使各区域政府提出的运动锻炼政策在向前推进的过程中的接受度和有效率较低。通过制定发展规划的方式使我国公共体育服务体系建设在城市和农村之间，在经济社会发展水平不同的地区，在不同层级政府之间都能有据可依、各有侧重，从而最大限度地获

得其他职能部门的协助和配合。国家为关于如何提升公共领域内体育方面的服务水平和基础运动设备的覆盖率制定了一些决策，提出要将涉及公共体育服务的各管理部门和设备提供部门结合调动共同处理问题。要将各区内部现有的体育运动设备和锻炼资源进行统计和整理，真正实现小范围内群众锻炼的有效性。

四、提升体育地位、实现跨领域合作的有效途径

经济社会发展转型要求体育事业与医药健康、教育文化、社会福利、城市发展、娱乐旅行等有关领域全方位衔接。公共体育服务规划则是把体育福利、体育运动、体育权益融合到"人的全面发展"当中去，坚持"体育也是民生"的理念，与其他社会公共部门一起维护了社会安定和谐，稳定和改善了民生，提高了人民的生活水平。

五、拓展发展理念，实现共建共享的重要举措

规划研究将着力探索中国后奥运时期体育的可持续发展模式，树立现代体育的服务生存理念，以公共体育服务体系建设为抓手，聚焦关键性问题，整合并优化资源配置，找到可能的合作共赢之道。通过将体育锻炼本身的带动作用和有益之处向群众进行讲解教育，提升区域内群众对体育运动的重视程度和实施效率。充分发挥体育服务对我国社会各方面的有效促进作用，重点针对各区域内青少年群体的体育锻炼次数和针对性设施进行补充。以现阶段体育服务产业的发展状况，带动我国其他领域产业的共同繁荣和前进方向的拓展。

六、提供评价标准、开展绩效评估的重要抓手

在体育事业发展中现有的体育专项规划起到了关键的指导和约束的作用，但是也存在着许多的不足。比如，理论体系不够强大不能形成长久支撑，技术体系还处于成长期，不能给予有力的支持；但如果只从各项体育政策和目标的实践运用方向来看，许多体育目标由于没有结合现阶段群众运动的具体数据致使可操作性较低。通过国家对提升各区域内公共性体育服务水平的相关政策，可以有效弥补单从理论和实践两方面分别开展操作的缺陷。

七、把握发展机遇、改革发展方式的现实需要

我国公共体育服务事业经过多年的发展，取得了长足的进步，在公共体育服务提供的数量和质量上都有了很大程度的提升。但是在现阶段体育的公共服务领域还有部分地区反映政府提供的基础运动设备数量不足，部分地区已有的健身和锻炼设备的针对性和质量不足。同时所处区域远离市中心的地区并没有掌握专业体育运动知识的人对其进行具体运动内容的指导，使群众真正的运动需求和现有的公共体育服务水平之间差距较大。2014年，国家体育总局提出了"向改革要动力，以改革促活力"的体育事业发展基本原则，这为公共体育事业的发展提供了新的方向。规划具有指导事物发展的作用。[①] 为了促进公共体育事业的发展，弥补公共体育服务领域的差距与不足，各级政府应当加强公共服务的战略规划研究和制定工作。要通过调查研究，分析公共服务供给与广大群众需求之间的差距。在新时代背景下，各级政府要清晰认识到公共体育事业面临的优势、机遇与挑战，要为规划期内的体育事业制定出总体的发展目标与阶段性工作目标。总之，公共体育事业规划，能为各级政府在履行公共服务职能中提供纲领性指导，为政府的职能行为指明发展方向，在公共体育服务的发展中将发挥最基础性的作用。

八、获得财政支撑、丰富建设主体的关键凭据

公共体育服务的供给主体呈现多样化特点，为了提高公共体育服务供给的质量和效益，不能只依靠政府，还要借助社会、企业、个体等其他供给主体力量。公共体育服务发展规划对不同公共体育服务供给主体职责进行了明确规定，为市场与社会力量进入公共体育服务提供了参考依据。与此同时，国务院在颁布的《关于加快发展体育产业促进体育消费的若干意见》中明确指出了"推广和运用政府和社会资本合作等多种模式，吸引社会资本参与体育产业发展"，公共体育服务发展规划通过研究国家和地方政府肩负的公共体育服务职责，对其

---

① 杨伟民.发展规划的理论和实践［M］.北京：清华大学出版社，2010.

进行相应的资金支持。与此同时，公共体育服务发展规划通过对社会、个人、市场等供给主体参与公共体育服务的形式、内容方面的研究，为这些供给主体提供资金政策上的支持提供了依据。

第二节 公共体育服务发展规划的内涵

一、公共体育服务发展规划的含义

要理解对公共体育服务领域进行各方向上的具体规划的含义，需要先对规划的具体内涵进行理解和认识。与对事物进行规划的含义相近的还有组织性的计划，二者的具体含义在定义概括和具体应用过程中既有共同包含区域也有差异部分。规划侧重于对事物的谋划、筹划，提出事物发展的目标、保障措施、实施步骤等内容，并不关注具体实施的方法、内容。而组织性计划的主要含义是要对未来准备实施的具体工作内容进行方法上的详细安排，重点针对未来工作中即将遇到的各类实际问题。如工作的具体领导人员和实施人员都应具备怎样的水平等，据此可知计划重点针对的部分是各项工作具体的实施领域。

当前，对于公共体育服务发展规划的探究尚处于起步阶段，并没有明确的对其展开讨论的现存文献资料。然而，通过其他领域对此类问题的探讨，我们也能对公共体育服务发展规划的内涵做出尝试性探索。其他领域对相关规划含义的探讨大体可以划分为两类。其中一种看法是将规划当成是政府在某一领域的建设和发展中，围绕一个既定目标而制定的纲领性指导文件；另一种观点则主张规划不应仅被当成指导政府发展与建设的总体方案，也要在规划中提出有效的实施办法和工作流程，同时加强政府执政理念和管理方式的改革与创新，为政府提供行之有效的执行方法。由此可以看出，第一种观点对于规划的认识是静态的，将规划当作一类指导文件来使用；第二种观点更注重动与静的结合，在静态的规划目标基础上,加入了规划执行者的动态发展过程。因此,第二种观点,不仅注重规划的纲领意义,也强调了规划实施方法与管理制度的变革。应该说,第二种对规划的理解更符合规划的本质属性。因为"静态文本"的构成相对简单,它只是对未来发展进行设想,促进设想的实现。然而这种"设想"由理论变成现实却不容易。事物的发展会面对纷繁复杂的现实状况,这种"静态一次性文本"在促进规划主体发展中发挥的作用也会受到影响;而第二种对规划的理解在促进规划主体发展方面则能发挥较好的作用,它能通过对规划主体的活动和过程的管理,不断完善和修改促进规划主体发展的策略,进而改变管理结构,促进规划主体目标的实现。

二、公共体育服务发展规划的特征

(一)公共体育服务发展规划是一种全新的管理理念

一般而言,人们把发展规划理解为规划文本的制定、实施。规划文本并不涉及对规划主体管理理念、管理方式的更新,也并不牵扯到管理技术的应用和实施过程;而强调公共体育服务发展的规划是一种活动、是一个过程。公共体育服务发展规划注重管理方式方法的更新,注重责任分享,注重优先完成等级靠前、有实现可能的重点项目,注重在实践活动过程中对规划内容的不断改进与完善等;使人们对公共体育服务发展规划有全面的认识,领悟其全新的含义,进而促进人们对公共体育服务管理的深入思考,关注公共体育服务管理层面的转变与调整。通过公共体育服务的实践与体验,客观、理性地对公共体育服务的发展进行分析,在此基础上确定在未来一段时间内公共体育服务的发展策略、目标定位、内容构成、保障措施等,从而真正促进公共体育服务的发展。

(二)公共体育服务发展规划是一种系统的管理方式

公共体育服务的管理方式纷繁复杂,既包括目标管理、角色管理等传统管理方式,也包括过程管理、信息管理、绩效管理等现代流行方法。然而无论是传统还是现代的管理方式,由于自身的特点与不足,都不能完全胜任具有综合性特征的公共体育服务。然而把公共体育服务发展规划看作是一种系统性的管理方式，既涵盖了一般管理方式的基本内容，也能够展现出对公共体育服务管理的整体性、长远性的考虑；使人们对公共体育服务发展的关注不仅仅单纯集中于发展目标、发展过程等方面，还促使人们对各种管理方式的适切性、有效性、合理性做进一步的思考，从而寻找到与公共体育服务发展相契合的管理方式。

（三）公共体育服务发展规划是一个连续的行动过程

公共体育服务发展规划不单是针对公共体育服务提出相应的发展目标或设想，或者是仅仅勾勒出一幅公共体育服务事业发展的宏伟蓝图，而是借助公共体育服务发展规划的制定、实施、评价等一系列活动的开展与完成，引导社会各界广泛参与，形成发展合力，不断改进公共体育服务的数量和质量，改善公共体育服务的管理、实施、运行等工作，并在长期、持续不断的公共体育服务开展过程中，调动社会上各种积极因素，逐步丰富公共体育服务的可利用资源，充分发挥各种资源的潜能，努力地将公共体育服务事业的发展目标由理想转变为现实。

（四）公共体育服务发展规划是一个民主的实现形式

尽管公共体育服务发展规划承认政府意志必不可少，但是也必须要重视社会各阶层人士及社会组织的发展意识，重视社会民众的真正参与。通过构建完善的沟通表达机制发扬社会民主，广泛吸收相关利益群体的建议，以此来指导公共体育服务发展规划的设计、编制、实施，协调不同利益群体间的关系，并由此获得广泛的社会认同，促进公共体育服务事业的发展。

第三节 公共体育服务发展规划的任务及走向

一、公共体育服务发展规划的任务

（一）发展目标分析

公共体育服务包括场地设施、服务组织、运行系统、政策法规和监督评价五个方面，在公共体育服务发展规划中必须对这五个方面在未来要达成的目标进行规划设计。由于这五个方面的情况各不相同，在规划设计时需考虑的重点也应该各不相同，具体内容如下。

1. 场地设施的规划设计思考

场地设施建设是我国公共体育服务的基础核心环节，是提供公共体育产品和服务的载体。对其进行规划设计时应该着重考虑以下几点内容。首先，场地设施的"数字化"建设包括两个方面的内容，即场地设施建设总量与人均场地设施量。根据最新的第六次全国体育场地普查数据显示，截至2013年12月31日，我国拥有体育场地总计16 946万个，场地面积19.92亿平方米，平均每万人拥有体育场地1 245个，人均体育场地面积1.46平方米。从数据上来看我国体育场地总数数量巨大，然而人均体育场地面积不足，成为阻碍人们参与体育运动的重要原因之一。因此，在公共体育服务规划设计中应该对人均体育场地面积进行重点关注，对在未来一段时间内人均体育场地面积所达到的目标有明确的数字化指标。其次，场地设施的"多样化"建设。据调查显示，随着体育场地设施建设的增加，人们的体育满意度却没有明显的上升。造成这种现象的主要原因是我国体育场地设施建设千篇一律，不能满足人民群众多元化的体育需求。因此，在公共体育服务规划设计中应该就人民群众的体育需求做出相应的方式方法指导，以人民群众的需求为依据来指导我国公共体育服务场地设施的建设。再次，场地设施的"高效化"利用。在我国一直存在着公共体育设施使用效率低的问题。这种现象的出现主要有建设与布局失衡、管理决策与内部发展的失调、行政体制本身的弊端等多方面的原因。公共体育服务发展规划应该对这些问题有相应的思考，做到未雨绸缪。最后，场地设施的"及时化"修缮。场地设施维护工作的缺失已经对公共体育服务事业的发展产生了极其不利的影响。因此，在规划研究时应该对这一方面的工作做出相应的部署，对设施维护的责任人、责任人的相关职责和权力、维护的资金投入和使用等方面做出详细的规定。

2.服务组织的规划设计

我国公共体育服务组织的发展经历了从单一向多元的发展历程。政府对公共体育服务的职责范围逐渐缩减，主要负责基本公共体育服务及维持秩序，公共体育服务可以进行市场化运行的部分主要由市场负责。与此同时，社会组织也逐渐登上了历史舞台，由于其自身特有的非营利性和慈善性特点，填补了公共体育服务的真空地带。然而，政府、市场、社会组织作为三大服务组织，我国对其各自所履行的具体公共体育服务职责尚未完全清晰。因此，服务组织的规划设计重点就在于区分各个服务组织之间的职能范围和责任义务。

首先，服务组织的"基石"——政府组织。政府作为服务组织的"基石"，其职能主要体现在以下几个方面。①政策法规的制定。政府已不再是公共体育服务的具体实施者，而是通过运用自身所有的立法权，通过颁布相应的法律法规，构建良好的公共体育服务发展环境，将公共体育服务的建设和管理纳入制度化轨道，以此来促进公共体育服务的发展。由此可知，对于政府这一方面的职能，在进行规划设计时应该着重分析公共体育服务建设时可能碰触到的法律问题，比如政府、市场、社会组织的职能划分、市场环境的维护等，并以此为依据指导政府履行职责。②提供基本的公共体育服务。基本的公共体育服务由于具有全民性和无偿性的特点，只能由政府提供。为了方便政府提供基本的公共体育服务，规划设计应该就基本公共体育服务的内容、重难点、区域特征等内容进行整体规划和分析。③对公共体育服务进行监管。规划设计研究应该通过构建评鉴指标，为公共体育服务的监管工作提供依据。

其次，服务组织的"肱骨"——市场。市场组织本身所具有的高效活力能够有效弥补政府在提供公共体育服务方面的不足，是必不可少的服务组织之一。由于市场组织在提供公共体育服务时所面对的情况千差万别，市场组织本身所扮演的角色也各不相同。因此，其职能的判定只能通过服务过程中所扮演的角色来断定。总体来说，市场组织主要扮演四种角色，即公共体育服务中的"提供者与生产者""生产者与被消费者""生产者与合作者"和"购买者与提供者"。在规划设计研究时应该针对这四种情况，对市场组织所肩负的职能进行分门别类的探讨，通过总结共性，提炼市场服务组织职能的基本原则，以此来指导市场服务组织的建设。

最后，服务组织的"补充"——社会组织。促进公共领域内体育服务水平提升的社会性组织的发展现状还不稳定，其内部组织人员和管理方向的确定还缺乏针对性。因此对这部分社会体育服务组织进行规划整理应优先集中于其内部运行模式。总体来说，服务组织的规划设计应体现"一定"（唯一目的是实现公共体育服务均等化）、"三分"（明确政府、市场、社会的职责范围）、"三合"（形成市场、社会、政府建设公共体育服务的合力）的战略思想，指导服务组织的建设。

3.运行系统的规划设计思考

运行系统是依附于服务组织而存在的，随着服务组织的发展壮大，运行系统的内容也在不断丰富和完善。中华人民共和国成立初期，政府部门作为公共体育服务唯一的服务组织，公共体育服务的运行操作单纯地由相关职能部门承担和实施。此时公共体育服务的运行系统相对较为简单，一般按照传统的由上到下的任务分配模式进行，运行手段也较为单一。经过长时间的发展，人们逐渐认识和了解到这种运行系统存在的种种弊端，开始进行相应的改革。特别是改革开放以来，市场作为提供公共体育服务的重要一环，开始逐渐在公共服务领域发挥作用。随着市场服务组织的出现，对与之相适应的运行系统的需求也日渐高涨。与此同时，市场服务组织所肩负的公共体育服务职责来源于政府职责。因此，哪些公共体育服务职责应该由市场来承担，市场对这些公共体育服务职责是完全承担还是部分承担，市场用何种方式履行这些公共体育服务职责等问题都是迫切需要解决的。在公共体育服务领域还有些空白地带是市场不愿意管、政府顾及不到的。而社会组织具有非营利性和慈善性的特点，是弥补这一空白的最佳选择。现存的社会组织主要包括体育社会团体、体育类非民办企业单位和体育基金会三种类型。每一种社会组织都需要与之相配套的运行系统来保障其顺利运行，因此，对于这些运行系统的研究必不可少。鉴于服务组织的不断壮大，运行系统也日渐复杂和丰富。规划研究对于运行系统的设计应该从以下几个方面进行考虑。

首先，原则性。对不同服务组织间运行系统的研究提出原则性要求，确保系统的运行方向。其次，职责明确化。由于各个供给主体所应该肩负的公共体育服务职责还未完全明确，这对公共体育服务的运行产生了极大的影响。因此，在规划设计研究中应该对市场、政府、社会组织三方的职能进行相应的划分，明确各自的公共体育服务职责。最后，法治化。党的十八届四中全会明确提出了全面推进依法治国的指导思想、总体目标、基本原则，这为体育部门依法治体，解决发展中存在的问题提供了新思路。为了真正确保政府提出的各项公共服务支撑性政策可以有效实施，要在我国现有的体育法律规定的具体内容和深度上进行提升和完善。对涉及体育公共服务的各社会组织和体育设备供应方进行标准上的详细规定，确保公共范围内体育运动开展的规范化。

4. 政策法规的规划设计思考

公共体育服务政策法规作为各级体育行政部门行使行政职能的主要规范和依据，对拨款具有指导作用，它的缺失对公共体育服务工作的开展产生了极为不利的影响。另外，对群众各项体育运动数据和政府公共领域内体育服务的质量的检验和评价标准尚未完善。在我国重视公共领域内体育开展具体状况和实际效果的阶段内，关于规范公共领域内体育服务和实施状况的法律性文件较少，并且在我国针对体育领域具体内容的基本法律也没有涉及公共领域体育应如何进行的问题。目前正式文件中提到公共体育服务体系建设的只有《国家体育事业发展"十二五"规划》，尽管其在多处对公共体育服务做出了阐述，但是对如何进行监督评价、评价指标有哪些等并没有做出相关的说明。监管标准的不确定，使政府部门在履行监管职能时无据可依，使政府部门的工作很难落到实处。与此同时，如果想使对我国公共领域内体育服务状况的监测工作有效进行，这一过程中涉及的不同区域和政府管理部门都应对自身的工作内容进行范围的限定。在国家统一制定的体育公共服务监管标准的规范下，各权力管理部门和设备服务机构才能根据具体的工作内容有效开展实施。对体育公共服务过程中涉及各主体的评价机制不全面的问题，关于如何设计好各管理部门的监督标准可以从以下几方面入手。

首先，规划设计应该就公共体育服务监督评价工作的意义进行有理有据的论述，使相关政府部门充分认识到工作的重要性，进而把监督评价工作落实到位。其次，规划设计要思考监督评价框架的构建和指标内容的完善的相关问题。对于监督评价框架的构建，规划设计研究可以从评估主体、评估客体、评估方法、规划指标、评估程序等几个方面来进行阐述，这也从一个侧面回答了"为什么评估、评估什么、谁来评估和如何评估"四个基本问题。在筛选评估主体时，应先对公共服务领域涉及的各具体管理部门进行大范围的整理和统计。在确定评价的客体内容时，要依据国家制定的具体评价条例在合理范围内进行筛选，同时对主客体评价的目标的操作性要重点关注。与此同时，关于评价指标的构建，规划研究设计应该体现出评价理念与指标的一致性、定量与定性相结合、客观性与可行性相统一的原则。

（二）建设任务思考

1.场地设施建设任务之思考

场地设施以"三化"建设为依托，即渠道多样化、建设数字化、管理创新化，最终建成"种类齐全、功能完善、布局合理、区域平衡、管理系统"的场地设施体系。首先，建设渠道多样化。可以以政府体育服务建设管理部门以往开展的各项群众性健身活动为基础，提高全国范围内群众对开展体育健身活动的热情和支持度，丰富各区域内供群众健身和使用的有效运动设备。同时政府对公共领域范围内体育运动设施和场馆的建设应保持资金的投入，可以邀请其他社会主体共同参与提升公共范围内体育服务水平的工作。政府吸引各方面与体育服务工作相关的其他主体对体育公共设施进行资金投入，能够提升群众可使用体育设施的有效数量。积极引导机关、企事业、社团、市民等对体育设施建设事业的捐助，以企业包村、部门帮扶、个人捐助等方式开展城乡体育设施结对共建活动。其次，场地设施建设"数字化"。我国体育场地总数数量巨大，然而人均体育场地面积不足。人均体育场地数量不足成为阻碍人们参与体育运动的重要原因之一。因此，在公共体育服务规划设计中应该对人均体育场地面积进行重点关注，对在未来一段时间内人均体育场地面积所达到的目标有明确的数字化指标。最后，管理模式的"创新化"。体育场地设施建设应当与城市总体开发建设目标相一致，成为城市公共基础设施建设的有机组成部分。在规划建设上要不断创新，在政府的统一管理下，积极吸引社会力量和广大群众参与场地建设决策过程。建立各部门、各社会组织和广大群众的协调机制，为公共体育设施建设凝聚社会力量。在管理和运营方面要加强创新，要建立政府与社会的合作机制，对地区范围内的体育设施进行合理整合，改变过去多方管理的混乱局面。同时应加强体育场地设施的开放和运营，形成运行有效的设施服务机制，提升服务水平和质量，为广大居民提供高质量的设施服务。补充及实施不同层级政府对提高体育设施开放率的政策，积极探索建设相应的开放条件、标准、补助政策、保险实施办法、收费标准、管理规范行为方法、责任追究制度等相关措施，对场地设施进行不定期的检测评定，进一步扩大其开放范围，促进体育资源的有效使用；提升学校范围内体育场馆向社会开放和使用的程度，在国家相关管理标准允许的范围内使企事业单位内体育设备和场馆增加对外开放度。

2.服务组织建设任务之思考

服务组织建设的目标是形成公共体育服务组织建设的"网络化"、供给模式的"多元化"、供给方式的"菜单化"。首先，实现组织体系的"网络化"应积极发展行业体育协会、人群体育协会、单项体育协会、基层体育组织等体育社会团体，努力拓展民办体育俱乐部、体育学校、体育场馆等体育类非民办企业单位，大力开发各类体育基金会，形成以体育社会团体为核心，以体育类非民办企业单位为基础，以各类体育基金会为保障的网络化体育组织体系，将每一个民众都网罗其中。其次，将政府体育管理部门和社会主体对公共服务完善的方向进行多样扩展。不应使政府的体育管理部门承担全部体育设备供应和场馆建设的职责，要使可以对公共体育范围内设备供应和场馆提供的主体更加丰富。在市场经济不断深化发展的时代背景下，体育市场也逐渐繁荣起来，越来越多的市场主体参与到体育市场的发展中，为社会提供了更为丰富、更高质量的体育产品。利用这一优势，政府部门应当整合社会资源，吸引市场主体与社会组织参与公共体育事业的发展，使公共体育产品更加丰富多元。同时建立政府与社会协作发展的机制，减轻政府部门在履行公共体育服务职能中的压力，弥补政府部门在公共体育事业发展中的不足之处。为此，政府可在允许的范围内，运用市场机制，发展公共体育。通过政府采购、服务外包、委托经营等方式，吸引市场主体为公共体育事业提供资金、资源与产品，为公共体育事业的发展开创新路径。最后，实现供给方式的"超市化""菜单化"。在新时代背景下，面对全社会对公共体育产品的需求愈加旺盛、广大居民对体育消费愈加多样化的形势，各级政府应该加强公共体育供给方式的改革，探索"超市化""菜单化"的服务新方法。政府部门要在社会力量的支持下，开拓各类公共体育服务领域，使公共体育服务产品能够切实满足城乡居民的实际需求。同时也应面向居民的个性化需求，有针对性地提供体育产品。

3. 运行系统建设任务之思考

对公共范围内体育服务运行系统进行建设和完善是推动体育管理服务水平规范化的有效举措，在这一过程中要确保提供体育服务和管理的部门的具体工作内容，减少体育服务整体运行系统过程中的阻碍因素。目前我国公共体育服务运行随意性较大，造成这种情况的主要原因在于政策法规不完善。为了大幅度提高我国公共领域内体育管理和服务的实施水平和制度保障，需要在我国已经颁布的关于各项体育内容的法律基础上，对更多体育服务内容和管理方向进行法律上的约束。在体育服务的重要性领域和内容中可以以法律手段为基础，结合其他有效性应用措施。政府宜借助市场、社会组织、团体的力量。因此，我国必须明确各供给主体之间的职责范围。对职责范围的划分可以依托研究所、高校等科研机构，通过专门的课题立项进行研究，最终实现对公共体育服务的供给主体的职责范围的明确划分。各个供给主体间职责分工要做到"不重叠、互补充、全覆盖"。最后就是公共体育服务运行体制的"顺畅化"改革。制约我国公共体育事业均等化发展的一个重要因素就是政府现行服务机制存在缺陷与不足。造成这一问题的主要原因就是体制机制改革还不够深入，计划经济时代的旧有体制还在影响着政府部门的管理与运行。由于旧有体制与新的公共体育发展状况产生不配套的现象，必然导致公共体育事业的发展出现障碍。因此，为了适应新时代背景下的公共体育事业发展，政府部门应当进一步深化改革，建立顺畅、科学、有效的运作机制，使政府部门成为保障公共体育均等化、可持续发展的重要基石。

4.政策法规建设任务之思考

对公共体育服务涉及的各项具体内容和管理主体进行法律政策方面的规定是完善其服务质量的重要举措。要以对公共体育服务内容建立完善的法律规定为基础，并对即将发布的各项法律内容管理文件实施方面的有效性进行严格监督，提升群众对政府体育管理和服务部门监督的意识。首先可以针对各项体育公共服务的具体内容和领域进行法律数量和质量方面的完善，将体育管理和服务过程中涉及的群众和管理部门做好内容和边界上的规定。这些政策法规条文中的原则性、指导性内容，只有通过配套措施才能发挥其法治效力。其次，政府应该在以下重点领域推进相关政策法规的出台。比如社会性组织培育、职业体育发展、体育市场行为、防止过度市场化、完善体育标准化、体育赛风赛纪治理、体育人身伤害事故处理与救济、体育纠纷调解等。再次，注重政策法规的宣传。构建面向公众的、权威的体育政策互动广告平台，及时传递和普及体育政策信息。开通体育资讯专线，专门解决民众的体育疑难问题。最后，落实政策的执行。加强政策执行的监督，健全责任追究机制。第一，加强监管力度。在提高政府相关体育管理部门对体育运动实施流程监管力度的同时，要使社会中其他涉及体育运动的主体和社会监管机构共同参与到确保体育运动效率的过程中。要以社会主体对体育运动实施具体效率监督为主，政府体育管理部门评价监测为辅。第二，确保国家颁布的各项体育实施管理条例可以有效执行。第三，为避免政策失败后责任难以认定和追究而无人负责的情况，可尝试建立与政策执行者相关的法律，对政策执行过程要做出制度规定，并从行政、刑事、民事三方面规范政策执行者的法律责任。

5.监督评价建设任务之思考

监督评价要以体系完善、主体多元、秩序规范为目标，起到为公共体育服务体系建设保驾护航的作用。首先，构建完整、科学的绩效考核指标。公共体育服务监督考核指标的构建要从"投入层""产出层"和"结果层"三个层面出发，形成对各领域的全覆盖。评价指标的划分以"三等级"为标准，形成散点化的评价指标分布形态，从点、线、面出发最终形成由点成线、由线成面的公共体育服务监督考核指标，将公共体育服务各个方面包含其中。其次，加强监督立法建设，促进评估活动制度化。探索建设《关于政府绩效评估的指导意见》《政府产出与绩效评估技术指南》等法律法规，以法律政策权威为保障，构建政府体育部门绩效评估的长效机制。最后，优化评估主体。补充对体育运动管理和服务进行监测评价的主体，改变以往对体育运动和服务水平进行某一方向具体评估的方式。以国内相关体育运动专家综合讨论确定的体育实施服务标准进行体育服务流程中的评价，同时要将对体育管理和服务等相关人员和涉及部门从所属领域中独立出来，作为第三方独立的体育管理服务评价主体。

二、我国公共体育服务发展的未来走向

（一）制度建设方面

（1）坚持以人为本，构建和完善公众公共体育服务的需求表达及意见反馈机制

要提高对体育管理和服务过程中涉及的具体群众的重视程度，结合群众对体育健身的实际需求制定各区域体育运动结果检测的标准。同样也要以提升群众的健康和运动指标作为推进我国体育管理和服务工作的重要依据。从以人为本的角度来看，公共体育服务的相关建设还存在诸多不足，突出表现在公众对其建设的满意度不高，公众多元化的体育需求不能得到满足等方面。因此，公共体育服务在未来发展的过程中首要解决的问题就是构建和完善一套能够反映

公众公共体育服务需求、意见及评估,能够流畅运行的需求反应机制。通过机制建设一方面能够使公众所需、所想与政府所建、所行相一致;另一方面能够保障公众公共体育需求表达、决策参与等权利的实现,并增强公共体育服务的社会效益。

(2)深化治理革新,建立和完善公共体育服务治理结构

发展公共体育事业,必须要以制度建设为保障。因此,政府部门要深化治理革新,完善治理结构,保障公共体育事业的健康发展。其中首要的问题是政府部门要从封闭性、单向度管理模式,转向具备开放性、双向度的新型治理模式,使政府能够敞开大门为群众服务。例如,通过筹建以政府代表、社区居民代表及社会组织代表为构成主体的管理委员会来加强对公共体育服务相关工作的管理。

(3)把握经济形势,创新和变革公共体育服务资金投入的方式及渠道

由于我国社会领域各企业实际经济效益的不断提升,使政府相关管理部门开始对公共领域内体育建设水平给予关注,相应地,政府开始对体育服务建设所需的各种设备、场地进行购进和建设。因此各区域内政府部门需要根据国家对公共体育建设方向的要求,合理分配并统一安排资金的使用区域。相关部门可以依据公共体育服务的质量、绩效,建立激励与约束相统一的财政资助制度,使各级财政投入与各类公共体育服务机构转换机制及增强活力和改善服务紧密联系起来,从而提高整个公共体育服务的水平。

(4)贯彻依法治国,探索与创立公共体育服务第三方绩效评估机制

我国体育部门要深刻领会依法治国的重大内涵,使依法治国理念在体育领域落地生根。建立第三方评估机制就是实现依法治国理念的途径之一。必须抛弃原先"自建自评"的监督机制,要加强公共体育服务绩效评估工作的宏观管理和行政监督,把公共体育服务的具体评估工作让位于独立、专业的第三方评估机构,逐步建立激励与约束相统一的公共体育服务监督评估机制,保障公共体育服务评估工作的公正性、专业性、独立性,提高公共体育服务质量。

（二）理论研究方面

1.不同层级政府间公共体育服务职责的划分研究

现阶段我国从中央至地方各区域的政府有层级和管理范围上的划分，因此关于提升公共领域内体育管理和服务的具体水平要根据管理主体的不同有针对性地考虑。现阶段不同层级政府之间关于如何提升体育服务水平也有一定的争论，因此，接下来体育服务的工作重点应放在对不同层级政府的工作内容的边界确定上。将全国范围内各级面积不同的区域针对不同层级政府进行针对性安排，结合各地区现有的公共体育服务的基础设施和层次制定不同的评价检验标准。

2.不同时期政府公共体育服务模式的选择及完善研究

对公共体育管理和服务过程中涉及的模式进行整合的主要含义是，将解决公共服务水平提升过程中出现的问题的解决方案，自理论层面至实践应用层面进行总结，形成解决某一类问题的纲领性方案。到目前为止，专家学者对公共体育服务模式的类型（大体可以分为政府主导型、市场主导型、有限市场型和有限政府型）的优缺点等方面的内容都有了较为深刻的了解。在这些研究的基础之上，在未来一段时间内，政府公共体育服务模式的发展方向应该由理论向实践转变。以对我国社会发展现状及趋势的分析为依托，正确选择适合我国国情，有利于公共体育服务发展的模式，并加强对公共体育服务模式的修改、更新等方面的建设。

3.公共体育服务标准化研究

公共领域内体育管理和服务的检验标准主要是指，为确定公共领域内各主体对提升体育服务水平应做的具体内容，由国家相关体育管理部门和体育领域学者共同认定的准则性要求。而提升体育公共服务质量和层次的主要标准应是使群众获得身体健康方面的有效提升。通过标准的制定，能够使政府部门对公共体育事业的管理和服务更为规范、合理。《体育馆卫生标准》是我国体育领域标准化建设的开端。现在政府部门通过组织建设，已经将标准化渗透到体育的各个方面。然而随着时代发展，公共体育事业也呈现出更为复杂化和多样化的趋势，涉及的内容和领域也越来越广泛。目前的相关标准已经远远不能适应公共体育发展的新形势。落后的、不完善的公共体育标准也会制约公共体育事业的发展。因此，为了确保公共体育事业的顺利进行，政府和社会各界也需要加强对公共体育的相关标准化研究。这些研究成果将为未来公共体育事业的建设与发展提供规范化的指导。

4.公共体育服务体系建设的普适性研究

现阶段公共体育服务的范围和水平在城镇与乡村地区之间的适用性较差，也使城乡地区群众之间参与体育锻炼的次数和有效性之间的差距较大。因此，在公共体育服务体系建设的过程中，要深入研究普适性，掌握好普及与适度的尺度，落实好城市与乡镇的平衡发展，既要保证大众都能公平地享有基本的公共体育服务，同时也要适度，不能过于落后也不能过于前卫，要全面布局，从而促进公共体育服务在城镇、区域间的平衡发展。

示范区的建设使得我国公共文化服务有了很大的进步，它为公共体育服务发展的方向提供了参考依据。公共体育服务示范区要想顺利建设，首要任务是对它的建设进行可行性、必要性分析；在这个前提下推进示范区理论与实践活动的融合，根据示范区创建中存在的问题以及主要矛盾，通过制度设计研究指导示范区实践活动，从而找到解决问题的办法，总结前人的实践经验，最终形成系统性的能够用来解决问题的政策、办法、方案乃至规范准则、法律体系，建立健全的公共体育服务示范区制度与工作制度。

公共体育服务体系建设不是一项简单、容易的工程，公共体育服务发展规划的研究、设计与实施也不是一种短期的阶段性过程。当前，我国在国际经济体育领域不再是被忽视的了，理应通过努力让国民共享务实、平等、全面的公共体育服务。公共体育服务发展规划作为具有先导性和前瞻性的新时期体育事业发展蓝图和行动纲领，应引起各界关注，上升为有可操作性的实践活动，这样才能早日实现我国的体育强国梦。

第五章
国内外公共体育服务建设的经验与启示

第一节 国外公共体育服务建设的经验

一、英国

(一)建设背景

英国是现代体育的起源地之一,在公共体育事业的发展中,也一直走在世界的前列。为了不断适应时代发展和社会公众的需求,英国政府不断加强体制改革与政策措施的改进,不断促进公共体育服务的优质化发展。英国政府在公共体育的不同发展阶段制定了不同的发展战略,因此可以看出英国政府是从未忽视过公共体育发展的。在各项政策和改进措施的保障之下,英国的公共体育事业呈现出蒸蒸日上的发展态势。

2002年12月英国发布了"游戏计划"这项体育战略。该战略的颁布增加了民众参与体育的机会,将要在国际竞技体育舞台获得成功提上了议程。按照这个计划,英国政府在新世纪伊始开始了竞技体育和公共体育共同发展的战略改革。同时也采取了一系列措施,确保体育事业的有序发展。

其后,英国体育机构又制定了"英国体育框架",成为对英国体育事业发展具有指导意义的纲领性规划。根据这项规划，英国确立了建设"最积极和最成功的体育国家"的总体目标。根据这一目标，英国政府提出了具体的实施方法与细则。在规划中，英国政府兼顾了竞技体育与公共体育协调发展的原则，一方面要加强英国竞技体育在国际上的影响力；另一方面为广大公众创造参与体育活动的机会，要使全英国参与体育运动的人数和水平取得进一步的提升。与此同时，围绕公共体育的发展，英国政府也建立了公共体育与教育、医疗、社会治安、经济发展等多个领域的联系，形成了多方联动的公共服务格局。在国家的总体指导下，社区与市场主体建立了更紧密的合作关系，共同确立了公共体育事业的建设、发展与供给的新方式。实现以上目标的关键是需要不同等级的地方政府、体育局、健康有关部门、教育部、志愿团体和社区机构以及私人机构之间形成战略伙伴关系。总之，为了推进体育事业的发展，以"英国体育框架"为指导，英国确立了新世纪体育事业的战略目标，划定了体育事业发展的重点区域，实现了公共体育供给方式的进一步革新，为社会各界参与体育发展与建设指明了方向。

为了国家公共服务全面发展，2006年，英国的审计委员会与国家审计办公室颁布了《有效供给：强化公共服务供给链的连接》联合报告。这是英国以"供给链"这一关键要素为核心，为实现公共体育服务的有效供给制定的新方式与方法。"供给链"是一个复杂的组织网络，它包含了中央与地方政府、个人与第三部门，因此"供给链"需要协调各方达成合作来实现公共服务的供给。报告指出"供给链"方式既具有复杂性与危险性，还具有灵活性，能够满足不同社区的需要。通过建设"供给链"网络，英国各地政府与社会组织、体育供应商建立了完善的体育服务产品供应体系，共同为社会公众提供高质量的公共体育产品和服务，英国公众的体育需求得到了极大满足。同时围绕"供给链"体系，英国社会各界还建立了以社区为基础单元的绩效评估体系，使社会公众能够广泛参与到公共体育建设的决策和计划当中。在社会力量的监督下，确保各级政府能够及时发现并解决公共体育发展中存在的漏洞和不足。

（二）公共体育服务的供给与投入

英国公共体育服务的供给体系具有简单、协同的特点，在政策制定者、体育投资者以及体育参与者之间发挥着连接纽带的作用，以社区需求为导向，确保公共体育政策制定、投资和公共体育服务的供给。该体系的各个环节通过详细的规划、综合考量和多方面宣传来合理配置资源，为公共体育服务的供给增加价值。

同许多国家类似，英国公共体育事业的资金来源主要是国家公共财政和彩票公益金。在公共体育发展方面，主要的投资来源是国家公共财政和专门的国库金。为此，英国政府和其他区域性的体育理事会共同建立了公共体育财政支出的管理体系，建立社区基金，确定体育项目投资的方式和优先级。英国各地要想获得财政投资，需要经过严格的审核。这种方式确保了体育公共财政能够合理高效地得到使用，使体育项目建设能够切实满足基层社会的需求，保障了体育供给的有效性。国家、地方、群体体育伙伴和社区体育网络一起根据调查获得的统计结果、对地区的普查以及供给工作的分析，确定资金投入方向及优先领域。供给体系的主要合作伙伴除了投资体育以外还投资其他资源来增加收入，提升获得成功与实现目标的能力。对于公共体育领域的投资，英国政府主要优先对青少年、弱势群体以及较为落后的地区提供资金，确保公共体育资源的均等化分配。在公共体育项目建设上，英国政府坚持采用高标准，使公众能够享受到高质量的公共体育设施。同时，英国政府在决策过程中坚持公开透明的原则，必须有投资目标地区的参与才能进行决策。

在竞技体育和大型公共赛事的发展方面，英国也形成了以彩票基金和国库基金共同进行资金投入的发展格局。可以将此发展格局看成是另一种形式的"举国体制"。在资金来源方面，则主要由彩票基金来实现资金投入。为此，英国专门成立了UK SPORT（英国体育）机构，专门负责竞技体育的管理和投资，通过运作彩票基金和政府财政投入，帮助多达110个运动项目实现飞速发展。英国的彩票与博彩行业发展规模十分庞大，从全社会汲取了大量的财力资源。通过UK SPORT机构的经营，这些公益金主要被用于竞技体育项目和大型赛事的投资、奖励和补助中。这些资金投入的应用范围十分广泛，较为全面地扶持了英国竞技体育的发展。扶持的对象不仅包括单个项目和运动员，也包括体育训练与培训、运动科学和医学发展、教练和运动团队等。同时这部分的资金投入使英国有条件开展各种层次的运动比赛，在全国范围内提升了群众对体育运动的认识、了解程度和参与热情。除彩票行业为体育运动提供了部分的资金支持外，英国政府也为提升群众参与体育运动的程度投入了部分建设资金，并由国家层面和群众举荐的管理者共同支配资金的使用方向。英国曾有一年人均参与运动的水平整体较低，但在国家的全力支持下，通过彩票基金和国库基金的资金投入，英国竞技体育再次重回世界一流。2012年，借助伦敦再次举办奥运会的契机，英国在不少项目上表现出众，一举夺得了29枚奥运金牌，同时进入了金牌榜前三名，这标志着英国竞技体育的发展计划取得了阶段性成果。

（三）特征

1. 目标明确

公共体育服务供给体系的各主体是在保证两个重要目标的基础上进行发展的。这两个具体指引性的目标主要含义是要将某个国家打造成有较多群众参与和积极度较高的运动型国家，并且保证每年参与体育运动的人数的持续性增加。以这两个纲领性目标为改进体育设施的具体要求和方向，满足体育管理和服务过程中涉及的各主体的实际需求和效益。

2. 需求导向

需求导向是指在体育公共服务供给体系的建设下，保证每个人都能获得高质量的运动机会，从而实现个人体育需求的满足。例如，英国体育政策制定时，非常注重实践调查和数据统计，这一要求是所有参与制定体育政策的机构都必须遵守的，只有在此基础上才能获得政府的扶持。要想数据能够真实地反映群众需求，英国政府就必须将公众的满意度设置为评估政策效果的关键指标。英国政府将公众体育满意度调查交给专门机构，并将调查结果当作体育协会与体育组织工作成效的衡量标准。

3.协同供给公共体育服务

根据提供体育管理和服务的政府主体层级的不同,将其与其他涉及的管理主体进行连接管理。使地方区域内政府、社会性的体育性团体与社区内部推进体育运动覆盖度的组织在国家总体目标下达成合作,使自身拥有的体育运动资源与其他主体共享,提升体育管理和服务过程中设备供给的质量和数量。英国公共体育管理部门的主要职责是做出体育与休闲发展的计划、建设并管理体育场所、提供公共体育服务与编制体育的预算和拨付、加大对公益性组织的扶持力度、加快体育战略的研究和信息分析。每一个民办、个体的机构都能够申请政府体育专项费用,申请流程也非常简单。英国主要依靠民间组织来举办具体的体育活动而不是官方体育部门。现在,英国体育组织的主要形式是俱乐部、协会与经销店等,俱乐部有一万五千个,单项协会有三百七十个,体育用品经销店与提供体育服务的企业有五万五千家。英国的体育志愿服务体系十分健全,英国民众也十分热衷于参与志愿者工作。据统计,英国每年约有600万成年人会参与各类体育项目和非营利组织的志愿服务工作,为公共体育事业的发展贡献了庞大的人力资源。

在公共体育产品和服务的供给方面,英国社会还依靠商业性质的俱乐部为广大公众提供体育产品。各类商业体育俱乐部的发展十分繁荣,形成了十分庞大的产业发展规模。大约有11.9%以上的英国人都会成为俱乐部的会员,在俱乐部活动中获得体育运动和休闲健身的需求。私营健身俱乐部分布广泛,90%的英国人的住所距离健身俱乐部或者健身中心在3.2千米以内,就近健身很容易实现。虽然各主体的分工较为明晰,但他们之间并不存在条块分割的问题,而是一种协同治理的关系。例如,英国的校园体育和体育教育十分发达,在社会各界的资助下,英国的大部分学校都拥有十分完善的体育配套设施。但校园体育的主要弊端是缺乏专门的体育人才。为了弥补校园体育和社会体育的差距,英国学校就会和社会中的体育机构建立合作关系。学校将校园体育设施向社会开放,为全民健身和体育活动的发展提供便利;同时,社会体育组织也会为学校提供体育人才,帮助学校的体育教育获得快速发展。这样,学校和社会在体育资源方面就实现了有效利用、共享发展。

4. 主题投资思路

英国对公共体育服务的投资，主要采取主题投资的思路来进行。在进行投资之前，政府需要充分调查居民的体育需求。之后根据这些需求，将其划分为若干不同主题分别给予资金支持。项目的建设者根据不同的主题，结合项目实际情况进行规划和建设。此举的目的是最大限度地保障体育资源能够合理配置，使体育供给能够有针对性地为公众服务，让更多的人参与到公共体育健身及体育活动当中。此举首先能够保证资助项目最大程度地满足不同区域群体的体育需要；其次也实现了项目投资杠杆的价值，能够全面地、合理地配置资源。比如，普通健身机构能够直接申请政府的某项扶持。而且假如健身机构规划出的活动方案涉及教育、养生，如降低社会治安问题、帮助减肥等社会问题，则会比较容易取得政府扶持。

5. 全面、清晰、科学的绩效评估体系

英国将公共体育管理和服务过程中涉及的不同层级主体进行管理职责范围的划分，对其是否真正做到国家要求的服务水平和供给职责进行标准检验，以确保国家相关体育服务政策的有效落实。在国家和省级政府体育管理层面，英国主要通过大方向调查的方式对具体区域体育服务质量进行检验。在亚区域层级，各郡可以根据本地发展的实际情况制定评估标准。在公共体育的供给中严格按照这些标准来进行发展和考核。同时郡政府还要定期向全社会公布发展计划报告，使社会力量能够有效评估本地公共体育事业的发展情况。在社区层级，英国加强了基层公共体育服务的供给网络。在绩效评估方面，则由本地社会组织和社区居民共同制定评估标准，同时对本地的体育供给情况进行考核。同时，社区体育网络的供给计划要以体育人口调查的数据为支撑，为社区体育网络提供参与当地体育运动和体育休闲活动的人数、志愿者的情况等关键信息，以此来确定体育参与目标，集中资源扩充参与机会。

二、美国

（一）公众健身基本情况

许多国家体育实力与美国相比相差甚远，而要想达到美国的水准还需要更多的努力，这也就说明美国的体育实力非常强大。美国公众体育健身，主要体现在由"各类健身俱乐部"实现的三个层次、六种类型的体育服务上。第一层次是传统俱乐部，如篮球、足球、棒球俱乐部等，大约有六千个；第二层次是健身与球拍类俱乐部，大概有八千至一万个；第三层次为各类组织下辖的"准俱乐部"，大概在两万个以上。具体的俱乐部分类情况主要是：①以营利目的为主的私营性健身组织和相关机构；②由个人为法人独立经营管理的体育运动场所；③酒店类服务企业和大型公共场所内部设置的有效健身区域；④社会中运动健身团体固定的健身场所；⑤大型企业内部为员工配备的运动场地；⑥非职业运动爱好人员组织和建设的运动场地。结合上文对国家内部体育俱乐部类型的具体分析，可以明确美国内部群众广泛参与体育运动的热情度较高，群众也以日常一定的锻炼运动次数作为衡量自身健康的重要指标。

（二）健身设施情况

（1）在美国的公共体育服务中，各级政府是公共休闲场所和公共体育健身设施的主要提供者。美国联邦、州政府提供了公共休闲场所和体育设施，他们通过税收、专项费用来修建设施设备。美国联邦、州政府分别拥有用于开放体育休闲场所的2.6亿英亩、4200万英亩的土地。在所有土地中剔除楼市建筑和一半的森林外，自然保护区占9%、钓鱼与游戏区占10%、公园及其他指定的休闲区占6%。在这些自然保护区、钓鱼与游戏区、公园及其他指定的休闲区，群众能够进行户外野营、垂钓、狩猎、爬山、游船、跑步、戏水、冰雪活动、远足、野炊、摩托车体验、飞翔体验，以及其他各类休闲和健身项目。这些公共设施既提高了城市质量，推进了现代化发展，又为美国大众体育健身创造了不同的模式和意义，并把全新的模式和意义的大众健身融入社会和文化生活中去，促成健康观念和健身行为的社会化。

（2）社区体育健身的场所设备。美国的社区联合会管理社区活动中心，对各种体育活动中心（运动、医疗康复、休闲、放松等）的建设和改革提出建设性的意见，并推动它进行全面的发展，尤其推动了供社区居民游乐、嬉戏的"社区公园绿地"的建设。在社区联合会的促进下，美国社区中平均每1000人就拥有1～2英亩的公园绿地。这类公园中不仅设有基础性的体育设施，还设有儿童乐园、野营区、运动区、游泳区、高尔夫场地、自行车与远足区域等。这样高效的社区管理组织，为社区体育的高效运转与建设提供了有力保障，同时社区居民参与大众体育健身的热情也被激发出来了。

（3）个人与社会机构的体育健身设备。在美国，私人拥有的土地有23亿英亩。根据现有的统计资料可知，美国注册的私人健身俱乐部一共有21000个。这些个人健身俱乐部一般都建设在城市附近，所以，美国私人的休闲资源对美国大众体育健身有着重要影响。在个人体育健身场所与社会团体的体育设备的使用上，美国社会休闲、健身、娱乐的总体状况有三种形式。第一种是获利的，有些企业对休闲区域进行改造，将场地划分成野营区域、休养区域、旅游体验区域、海滨游戏区域、排球区域、水上乐园区域、射击区域、赛马区域、装备与徒步旅行区域以及主题公园；第二种是私人和公益性的场所和设备，通常一些社会公益组织也会拥有服务于自己内部成员的场地和体育设备，存在一定的私密性。但是在个别情况下也会向公众进行有偿开放；第三种是企业、公司免费向员工与社会提供体育场所与设备。

（三）健身组织情况

出于美国社会发展的实际情况，美国法律规定：政府不会设立专门的部门和机构对体育发展进行管理。按照法律的规定，美国没有官方的健身组织和主管机构来协调全民健身运动的开展。对于公众参与体育健身的管理，美国主要依赖各方社会力量和市场的调节机制来完成，主要依靠民间组织、商业机构和体育协会等各类机构来实现。这些组织机构分布在美国的各个地区，参与到各个健身项目领域当中，在组织形式和管理内容上都呈现出多样化色彩。这些机构的管理工作主要由当地政府承担；这些机构以俱乐部为主要经营形式，不只有社区、教育、军事俱乐部，还有大量的酒店俱乐部、公共健身活动中心、高校健身馆、医院健身康复中心等，不一而足。

（四）法治化水平

美国社会是一个高度发达的法治社会，社会各项事业和各个领域的发展都要在法律的框架下来运行。同样，在公共体育事业的发展中，美国也具备十分发达的法治化水平。对于公共体育的发展，除了有专项的各类体育法规之外，还包括其他法律共同形成的规范和管理社会各界在公共体育领域的行为。这些法律和法规对于公共体育的作用主要体现在三个方面：一是为社区体育的发展和体育教育事业提供保护，使公共体育服务能够得到广泛普及；二是保障公民的体育权益，使公民的个人体育权利不受侵犯，确保公共体育的公益性与公平性；三是确保政府为民众提供基本体育健身场所和健身器材。在法治化的约束下，美国公共体育事业的均等化得到了有效的保护。法律督促美国政府和体育商业机构为全民健身的开展提供各项产品和资源，为全民参与体育健身活动提供了有利条件。

为了增强人民的身体素质，为社会创造良好的生活环境，美国卫生和公众服务部在20世纪70年代末推出了"健康公民计划"，成为美国社会保障公民身体健康、引领广大居民参与体育健身活动的总体实施方案。在这项计划的指导下，美国各州医疗和体育组织进一步加强了合作，共同为美国公民的健康而服务。该计划的内容不仅提出了全民身体健康发展的总体目标，更对关系到公民身体健康的各个领域和各个项目提出了具体要求。该计划主要从生活习惯、饮食结构、医疗卫生、体育锻炼、心理建设等多个方面和多个层级为公民提供了详细的指导意见。同时，在计划中还设置了公民健康的各项数据指标，为社会医疗和体育等机构的工作提供了参考意见。该计划推出至今，已经持续开展了四十多年，在保持美国公民身体健康方面发挥了积极作用。并且以十年为周期，按照社会环境的变化和公民的实际需求，"健康公民计划"的内容和重心也会进行调整，使其成为一种长期、可持续的制度化方案。

为了应对教育和体育活动中存在的性别歧视问题，20世纪70年代，美国国会通过了《教育法修正案第九条》，以法律的形式规定了任何人均不能因性别而被剥夺受教育的权利，国家在教育投资计划中也不能将女性排除在外。这一修正案条款是在70年代美国社会女权运动和平权运动的背景下提出的，在美国教育事业和体育事业的公平发展中发挥了关键作用。在法律的影响下，美国女性参与体育活动的机会得到了前所未有的增强。尤其是在美国高校中，女子体育的发展得到了学校与社会的支持，进而推动了美国女子体育项目的兴盛。与此同时，该法案更对女性接受教育的水平、女性公民的身体健康水平带来了积极影响。

（五）市场化和社会化水平

在体育管理方面，本着"小政府、大社会"的管理理念，美国政府并不过多干预体育政策的制定，在联邦政府层面并没有专门的体育部门，修建体育设施是联邦政府介入公共体育的主要方式。而在地方政府层面，虽然设置了公园俱乐部这一组织来专门负责管理体育和休闲娱乐事业，但随着城市化的推进，多数俱乐部已经合并。由于政府的退出，再加上美国社会的积极参与，这就形成了美国公共体育服务领域的市场化和社会化程度都很高的治理格局，表现为体育产业发达和自治性的体育社团普遍存在。从20世纪80年代开始，在美国各个州，各种规模的俱乐部蓬勃发展，构成了美国公共体育市场化供给的主要形式，为消费者提供了丰富多样的体育服务产品。除了大型职业俱乐部之外，美国大部分俱乐部均属于小型企业。这些俱乐部在经营过程中，多采用会员制的形式，为会员提供个性化、定制化的体育消费产品。美国百姓主要通过此类的会员俱乐部参与体育健身和体育文化消费活动。与此同时，美国大中型商业体育场所和俱乐部也是通过市场经营的方式为大众提供健身娱乐产品。

由此可以看出，在美国，体育是一种市场化程度极高的产业，包括公共体育和职业体育等领域均是依靠市场进行资源配置，并由市场主体为大众提供体育消费产品。在职业体育方面，美国早已成为世界上发展规模最为庞大、实力最为雄厚的职业体育强国。无论就其体育公共管理服务扩展的水平，还是在体育运动竞争方面的综合实力来看都较有优越性。在体育运动竞争的职业化领域内，美国拥有以四大运动为指引性的体育运动项目的各项联盟。而美国内部体育产业发展状况带来的实际经济效益占美国其他各行业总体经济效益的大部分，其对体育产品的经营和管理的经验较为丰富，同时又有各类联盟性社会体育团体作为支撑。美国内部休闲性体育的进步和扩展状况也使其他相关体育用品行业有较高的带动性消费，而休闲性体育人数的增加也带动了体育产业性价值的提高。美国各地有关部门对体育社团不仅不限制，还给予了免税等多方面的政策支持，从而激发了国民结社的积极性，为美国公共体育的发展注入了源源不断的活力。①

（六）规范化水平

众人皆知，美国群体体育健身的涉猎内容全面、涵盖内容丰富，而且活动质量非常高。因此，美国群体体育的规范化程度一直保持着世界最高水平。群体体育能够实现规范化发展的一项关键因素就是美国社会具有一批专业化的体育健身教练，在普通民众参与体育活动的过程中，这些专业教练能够为其提供规范化和科学化的指导，使得美国群体体育能够一直保持在极高的水平之内。而培养专业化教练的关键是通过规范的认定制度来选拔有用的人才，为公共体育服务。在美国，各类体育健身机构都有十分严格的挑选教练的标准。这里，我们通过举例来说明认定制度的重要性。①有氧运动教练资格认定制度。1970年以后，有氧健身操逐渐在美国普及，被群众接受并成为一种大众体育运动，这项运动对美国民众的日常生活产生了深远的影响。美国提供有氧运动教练的培训和资格认证的机构有五十多个。其中最具影响力的包括全美有氧健身协会和国际舞蹈训练协会两家机构。这两家机构于20世纪80年代推出了适合自身行业的教练员资格认定制度，并建立了相关的进修学习和考评办法，成为开展有氧运动项目的行业规范。②体育健身教练认定制度。这一制度始建于20世纪60年代，经过多年的发展，依旧是美国体育健身教练获得从业资格的主要规范

---

① 王波.美国职业体育政策试析[J].体育科学，1999，19（4）：60.

制度。按照制度规定，美国的体育健身教练需要通过严格的考试才能获得教练资格证，并且考试的内容涉及健身运动的各个方面。在制度的约束下，美国体育健身教练的专业素质一直保持着很高的水平。

三、日本

（一）体育法治建设

日本为提升本国内部公共领域体育管理和服务的总体状况也先从法律方面对其进行规范。首先，针对各项体育运动需要的具体场馆进行使用范围和建设用地的规定，紧接着也以出售彩票的形式为扩展体育设备的数量筹集可用的社会资金。最后结合国家社会进步的总体要求改进体育管理和服务的具体内容，一是要使群众在生命的全部时间段内都保持一定的体育运动度；二是要使日本在各项体育运动项目的竞争上有更高的水平展现；三是在学校范围内提高青年群体对体育运动的重视和了解程度。这些方案可以有效提高日本国内青年群体的基本健康水平和日本对外各体育项目的综合竞争力。

（二）综合型地域体育俱乐部和泛区域体育俱乐部

扶植与培育综合型体育俱乐部不仅是日本文部科学省于1995年规划制定的"体育振兴基本计划"中的发展方略，也是建设日本国家公共体育服务体系的重点项目之一。

长期以来，日本体育事业的开展主要依赖校园体育的发展。按照日本学校建设的规定，所有的中小学校都要建设体育场馆设施。为了确保学生在步入社会后能够持续参与体育活动，日本还规定要将校园体育与社会公共体育协同发展，要充分利用资源，实现二者的紧密结合。因此，学校内部的场馆不仅为体育教育和校园体育活动的开展提供设施基础，而且也会向社会开放，成为社会大众开展体育健身活动的重要支撑。

进入21世纪以来，日本政府开始在全国各地推广建设综合型体育俱乐部和区域性体育中心。这些设施覆盖到了全日本的各市、町、村及偏远地区，最大范围地为日本百姓创造体育健身条件。同时这些设施也将日本职业体育、社区体育和校园体育结合起来，共同形成了综合发展的格局。日本的综合型地域体育俱乐部和泛区域体育俱乐部建设和运用方式体现出许多优势，对于我国公共体育设施的建设有着许多借鉴意义。

综合型区域体育俱乐部的主要特点如下：一是体育产品多元，体育项目多样，能够充分满足大众差异化的体育爱好和健身需求；二是运营时间自由。人们在参与体育活动时无须受到时间限制，可以自行安排活动时间；三是设施完善。可以为专业化的体育活动提供基本的设施服务；四是配置专业化的教练。大众在参与体育活动中可以得到专业人士的指导；五是运用模式创新。这些俱乐部和设施均由区域内的居民自主进行运营和管理。

各区域在其内部建立体育设备水平和质量较为优异的运动中心的目的是：一是促进区域内部有较多运动项目的场所数量增加；二是由区域内部的体育中心为下属各地区体育运动场所培育运动讲解和指导人员；三是由区域内部带头的体育运动中心收集详细的地区的体育运动数据；四是使下属不同层级的体育运动中心之间开展联合性的体育运动活动；五是为较为偏远的地区培养优质型运动人员。

（三）大学设置综合型体育俱乐部的具体实例

现阶段日本政府关于公共体育管理和服务的相关部门提出应以大学为提升全国人民体育运动质量的重要基地，在全国人民的青年性群体中率先普及体育运动有利性的相关知识，确保国家经济方面下一步改革和推进的群体身体健康方面的保持度。在大学内部建立各项运动的实践培育训练基地，但日本政府所选择的大学运动基地都是该大学内部原本就开设的相关体育科目的理论性教学课程，这样可以使学生将学到的体育运动理论知识及时应用到实践的运动竞技活动中。上述大学设置的综合型体育俱乐部的组织运营，可以按照现代网络模型原理对教师、学生、社区居民三者的关系进行分类，产生以下四种类型：①由经过系统体育项目知识学习的教师直线型对应指导学生。学生在校内接受的专业化体育项目学习的模式再接着传入其所在社区内部，以此来调动国内群众以家庭为单位广泛开展一定基数的体育运动练习。②开展学习某项体育运动项目的运动小组。教师在学校内部对学生进行运动内容和演练标准检验的同时，还会定期为分配在教师的社区团体开展具体运动流程的指导，在这一过程中学生以自身所学的理论知识辅助教师完成体育运动指导。③多主体联动性体育运动项目指导方式，由教师和学生共同组成指导小组辅助社区群众完成日常的运动计划。④将可以参与体育运动项目指导的主体进行多方面的培育。向社会中与体育运动项目相关的各主体提供部分体育运动资金，供国家为各区培育有指导性技能的体育运动人才。

综上，对于日本以大学为基点设置的综合性体育俱乐部，按照有效利用运营资源的视角归纳整理，我们可以看出在人员使用方面各俱乐部存在着不同的管理方式，在组织运营方面也各具特色。例如，筑波大学、爱媛大学就是由教师和学生自愿参加俱乐部的组织运营。实践验证，在以小组为单位组织运营的情况下这种管理形式最为有效。另外，在管理层人员有除工作以外其他密切型关系的俱乐部内，这些人员不只为群众开展体育运动活动的具体过程进行指导检验，还会参与俱乐部各项重大决策的制定和项目的运营性工作。此外各大学内部专项性俱乐部在来源经费和具体的体育用具采买方面也存在一定差异。许多大学认为将大学的等级性名称赋予俱乐部名称，可以使大学自身具有的知名度和吸引性带入人们投身各学校内部的专项性俱乐部中。还有一部分大学采用对学校内部体育场地免费使用的方式，提高群众去往其区域内开展体育运动的次数和水平。如日本国内有一知名度较高的大学将其等级性的荣誉名称赋予俱乐部名称之中，吸引了较多社会群众共同参与其俱乐部的建设和运动器材的使用。再加之其处于东京城市内部的中心地位，还有许多社会企业看重其经济效益对其进行资金支持，使以大学为基点的专项性俱乐部的发展前景和运营状态良好。

（四）运用市场手段管理公共体育设施

在公共体育设施运营方面，为了进一步搞活公共体育设施经营市场，满足地区居民多样化的体育参与需求，新修订的《日本地方自治法》规定，从2003

年9月开始,在公共设施的管理中导入指定管理者制度。[①]日本关于地方体育管理和服务的相关法律指出,国家规定的体育项目的管理者是指被国家认定有相关资格的地方体育设备和活动的管理个人或团体。国家指定体育运动管理者的制度具体指,将国家确定的管理者从其筛选过程至对现阶段公共体育内容的具体安排进行系列阐释。与以往公共体育设施运营的委托管理制度相比,其最为突出的特征在于公共体育设施具体运营实现"完全"民营化。

为了保证指定管理者制度的有效运行,日本政府结合每一次指定的生命周期对其每一个阶段进行了细致的规定。至此,日本形成了一种以"公民为公共体育服务的接受者,地方政府为质量监管者,第二、第三部门为提供者"为特色的公共体育服务模式。根据日本研究体育各项运动专业性学者的统计数据来看,各地方政府为提升其区域内部公共体育管理和服务的等级聘用国家指定管理者的占比较高。同时各地方政府较多采用由群众选举出的指定管理者,而非由国家直接指派的体育运动管理者,国家内部指定者的筛选范围可以在各层次的社会体育组织和民间的体育发展事业团体之间。指定期间主要以3~5年居多,指定期3年的占55.3%,5年的占39.1%。

(五)有针对性地开展老年人体育运动

截至2018年,日本65岁以上的老年人口较2011年增加104万人,老年人口总数首次突破3 000万大关,占日本总人口的24.1%。为了有效应对人口老龄化产生的各种问题,在公共体育服务方面,日本一方面修改并实施了新的国民体质监测标准,将60~79岁年龄段的人群纳入在内;另一方面,日本政府采取了各种措施鼓励老年人参与体育锻炼,其目的主要在于增进老年人健康,改善其身体机能,愉悦其身心,促使其多与同伴交流。

---

① 刘欣.日本体育设施建设与管理的启示[J].体育科研,2009,30(5):31-33.

四、德国

(一) 体育管理机构

德国宪法中没有明确规定，所以联邦政府不具备管理体育的权力。德国体育的管理主要是依靠各种社会体育机构，比如各个体育协会或者俱乐部，而各区域的联邦政府和体育部门只负责中小学体育教育和公共体育设备的建设。现阶段德国内部以较大综合性的体育联合组织作为管理该国内部体育运动覆盖率的重要部门，国内所有层次和大小等级的体育团体都应以各级政府和专业性的体育团队为中介，受国家中心体育联合组织的统一管理和安排。所以，德国的体育制度又被称为"俱乐部体制"，这种体制从根本上推动了德国体育的进步，在体育比赛、学校体育教育和大众体育等层面产生了非常好的正面影响。

在德国，对体育运动机构的划分主要有两种：一种是政府部门，一种是非政府部门。在政府部门中，体育部门主要的管理范围是：全国竞技体育与部队体育的开展，并为德国奥林匹克体育联合会提供资金和政策等方面的扶持；联邦州的体育部门主要管理学校体育教育和大众体育的建设；而城市和地方政府（体育局）主要负责管理体育场馆的建设工作。所以，不是每一个与体育有关的官方体育部门都主管体育赛事，而且政府级别越高管得越多。在不是由政府统一管理的社会性体育运动机构中，对其进行运动内容检验和管理的主体是社会中大型体育联合组织和其下属的专业性管理组织。在国家对体育项目管理和服务意识提高之前，德国内部的政府体育管理组织和社会性的体育联合机构是独立运行的管理部门。

德国政府管理体育项目的部门和社会性的体育管理组织之间有不同的体育管理范围，他们之间会就某一共同性的体育运动问题开展协作性的商议。政府公共体育管理部门的主要工作任务是提高社会内各区域的体育基础设施水平，将国家拨与体育运动方面的资金进行使用方向上的合理安排。比如，政府不仅为体育俱乐部提供体育教练，而且为其提供免费的运动场所，而俱乐部则主要负责收集公众的利益需求，并将其反馈给政府，以便制定更符合人们需求的体育政策。德国政府每年下拨体育经费1亿多欧元，其中1/3用于尖子选手和全国600名教练的训练，550万欧元用于反兴奋剂，其他用于场馆建设及31个国家级专业体协举办的活动。值得一提的是，地方政府对公共体育服务的经费投入力度远远大于中央政府。

（二）群众体育的开展

据统计，德国人口中大约有70%以上都会以各种方式参与体育健身活动。因此德国的群众体育发展程度很高。其中，一部分人口参与体育的方式是通过体育俱乐部，并以此来获取体育服务和体育产品。另有一部分人口是通过体育场所和自行锻炼的方式参与体育活动。

与美国相似，各类体育俱乐部为德国民众提供了丰富的体育消费产品。通过会员制模式，体育俱乐部能够吸纳相当多的消费者成为稳固的会员，保证了俱乐部的市场化运营。同时这些俱乐部通过多样化的体育产品保障了德国民众的各类体育需求。另外，在这些俱乐部中，还拥有完善的配套设施、专业化的指导人员，并有着丰富的体育活动和体育赛事机会。这些服务内容确保了俱乐部会员能够体验充足的体育消费产品，增强了民众体育健身的效果。

德国在社会领域开展的群众性体育运动有较为明显的俱乐部式运动特征。对群众性体育运动有管理权限的是大型体育联合组织，他们和其下属的各个体育运动管理型部门直接对社会中的群众开展的各项具体运动进行监督和管理，同时其还具备对群众性体育运动活动开展技术指导的专业性团队。根据社会内部体育联合组织层次的不同，他们分别管理区域内部级别不同的体育活动。随着群众参与体育活动的热情和积极性的增加，体育联合组织的规模和管理人数也在持续扩大和增加，但各层次的体育联合组织都需要受中央一级体育联合会部门的管理和监督。

（三）竞技体育的发展

德国在竞技性体育运动方面也是以俱乐部性质的体育运动制度为总体支撑，其基本特征如下：①国家一级的政府体育运动管理部门依靠增加经费保障和所需场馆构建的方式确保竞技性体育所需的硬性条件符合国际要求,但竞技性体育的相关项目的具体实施和监督都需要依靠社会大型体育联合组织和专业性体育运动管理部门执行;②参与各项竞技性体育运动的人员其一生都成为该项体育内容的忠实贡献者,较多时间都在俱乐部内接受国家指定人员的统一训练,在固定的时间代表国家或所属地区参与各层次的竞技性比拼。运动人员的日常支出和培训需要的设备都由国家或社会的体育联合组织提供。因此德国竞技性体育的发展模式是以学校和社会性俱乐部为基本训练基地,由社会大型体育联合组织作为管理和监督性部门。

(四)均等化与市场化

德国通过将财政资金均衡分配给公共领域体育的各项管理的过程中,大幅度提升德国国内体育运动的覆盖范围。但其也要在国内设置财政资金分配的上限标准,达到此标准则停止均衡性分配或转移支付。为了确保体育经费充足,德国也利用市场化的方式融资。德国除依靠出售彩票的方式为体育运动筹集所需资金外,还针对体育领域在银行各机构开设债券服务,将金融行业风险性投资的相关概念也引入体育服务的领域内。并且德国还针对社会各营利性俱乐部年度的资金流转状况进行规定,将没有发展潜力的社会性俱乐部及时淘汰。在政府财政和社会资源的推动下,德国体育场馆众多,能够充分保障各类体育项目的开展。德国的体育场馆大部分都由俱乐部或学校进行管理使用,运营方式主要为商业化模式。但通常来说,这些体育场馆都会对外开放,民众可以利用这些场馆参与体育健身活动。体育场馆的收费较低,而且会有会员制服务项目,因此民众只需以较低的花费就可以享受到体育场馆的服务。在保障公共体育市场化和均等化发展的同时,德国通过设置专门的监督评价组织对公共体育事业的发展进行监管,以确保俱乐部和其他市场主体能够在法律法规的规范下有序运行。

第二节　国内公共体育服务建设的经验

一、以上海市静安区为代表的政府购买服务模式

为了更好地履行服务职责，向广大居民提供高质量的公共产品，许多政府部门会通过购买服务的方式，借助社会机构和市场化服务组织的专业性来实现服务目标。在这一过程中，政府负责确定服务种类、性质和内容，商业化社会机构则负责具体的产品生产和项目建设。目前，随着各地体育市场的繁荣发展，许多地方政府公共体育服务方面也开始尝试以购买服务的方式，为居民提供公共服务产品。近年来，上海市静安区等地方政府在政府购买公共体育服务方面进行了一系列有益的探索。

为了在公共体育事业的发展中更好地发挥市场机制的作用，静安区专门成立了上海静安公益场所管理服务中心。该中心为独立于政府的民办单位，主要承担公益场所的设备、设施和社区生活服务的管理等服务业务。该中心与静安区政府开展合作，成为政府购买服务的主要承接单位之一。静安区购买的内容主要包括对静安区免费开放的14所学校的29个篮球架和昌平路上新建的笼式足球场实施场地管理和服务工作。静安区政府通过与服务中心签订购买合同，并依据合同规定由静安区财政局向其拨付购买经费，其购买方式具有非竞争性。同时，在购买服务的过程中，政府和承接单位也充分动员了居民的力量，对购买服务项目进行有力监督。在静安区各街道办的带领下，居民代表可以定期了解公共体育服务项目的工作情况，确保各项资源和资金能够得到合理使用，保障购买服务能够切实服务于广大群众。

二、以江苏省常州市为代表的体育社团承接模式

现阶段该地区在提倡群众每天至少十分钟的体育运动数量的基础上，扩大了本区域体育健身设备的覆盖范围，提升了政府相关体育部门的服务水平。在人民群众需求不断增加和政府相关体育部门的任务越加繁重的情况下，常州市尽可能地调动各界的积极性，创立"政府引领、社会参与、民众共享"的机制，尤其是充分发挥了体育团体、民间体育组织等社会体育机构的作用，促使他们成为公共体育服务的中坚力量。

（一）实施"3+2"模式，实现体育组织乡镇（街道）全覆盖

主要含义是指该区域内部乡镇级区域内要有管理体育运动活动的中心机构，并针对不同年龄阶段的运动者有不同的指导和检验方案。为了保证这些协会成立得更加顺畅，相关部门进行了协商，改革了体育社团注册登记方式，采取注册登记、快速登记和备案三种办法，体育团体可以任意选择其中的一种办法进行登记。同时，乡镇体育社团的成立还会获得一定的资金扶持。当前，全市59个乡镇（街道）全部实施"3+2"模式，基本实现了"体育工作有人做"的目标。

（二）实施等级评估，促使体育组织更加规范

在前几年，我国政府将管理体育运动的部门与民政管理部门一同对我国体育运动的具体情况开展了评价工作。要检验社会开展的各项体育运动是否依据国家对体育项目的具体实施标准来进行的，举办体育活动的团体内部是否有合格的运营流程，社会上不断出现的体育运动团体是否有组织大型活动和筹集来源资金的能力，其所有场地和设备是否足够支撑其继续扩大规模，据此方面的了解情况来制定现阶段我国开展社会性体育运动活动的具体评价标准。根据社会中各体育运动团体评价层次的不同，给予不同价值的体育运动资金奖励。

（三）实施购买服务，使得体育组织活动丰富多彩

现阶段我国开始让政府相关体育管理部门为社会开展的各种体育运动赛事

提供资金奖励，这既保证了国家为体育运动准备资金投入方向的有效性，也使社会中群众对参与各项体育运动有较高的热情和接受度。常州市内部一般在举办全民性的运动时，其各个项目都有单独的专项运动组织承包，在运动赛事总体流程和标准监督方面则由中心体育管理平台负责。

（四）实施免费培训，提升体育组织队伍的素质

为确保社会中各专项体育团体指导群众运动行为的专业性，该区内部政府性的体育管理组织会以年为基本衡量单位对其具体工作内容进行检查和培训。将社会性体育运动团体开展培训的支出费用也纳入体育活动内容支出的经费中，针对具体的培训行为国家相关体育管理部门会特邀各体育项目的专家型人物开展讲座。这是国家相关体育管理和服务部门对社会具体体育运动状况重视的表现。现阶段，相关部门还想要达到使区域内部每一具体运动点都有专家型指导人员的加入，另外将在村镇级区域和聘用大学生村干部作为帮助群众参与体育运动的指导员。

三、以浙江省杭州市等为代表的社区主导模式

从 2010 年开始，浙江省杭州市以"12345"工程为抓手，努力探索建立社区公共体育服务机制。所谓的"12345"工程是指：围绕一个中心、建设两个组织、解决三大难题、建立四项机制、创新五个举措。其中，"一个中心"是指以建立提升社区公共体育服务为中心。"两个组织"是指设立街道级体总分会（或成立街道体育协会组织）和社区级体育健身俱乐部。"三大难题"包括社区体育活动、锻炼场地和活动经费上存在的问题。为了有效应对这些问题，建立了"四项机制"：目标责任制、评价机制、激励机制和保障机制。具体包括"五项措施"：一是构建社区体育指导员管理平台，创新社区体育指导员工作规范要求，建立信息化管理平台和多层次激励办法，建立网络管理系统。二是整合公共体育设施资源，采取政府付一点，共建单位补贴一点的方式，为辖区居民提供更好的公共体育服务。如天水街道与共建单位天水游泳健身中心，建立了天水街道文化体育站活动基地，先开设羽毛球、乒乓球两个项目，并购买体育消

费券2 000份，赠送给广大居民。三是创新社区体育活动形式与组织形式，开展"万人双健"、社区运动会、社区趣味运动竞技等活动，发放音乐健身操、太极拳光盘等，在社区掀起了健身的热潮。四是创建社区体育融资平台，除发挥体育总局的品牌体育活动效应，贯彻落实"三自"方针外，杭州市还采取与共建单位合办通过团队关系向社会筹措活动经费等方式，筹措活动资金，以体育搭台，实现经济唱戏。五是创新建立社区体育特色项目基地平台。杭州市通过组织、协调各单项体协，引导社区体育健身俱乐部发展形成有自己特色的体育项目，如大木桥、王马的健身气功连续多年在杭州市比赛中名列前茅；浙大御牌苑社区羽毛球队利用社区丰富的人文资源，搞得有声有色；施家花园的社区男子篮球队，是全市首家跻身业余篮球赛的社区篮球队。

四、以广东省珠海市香洲区等为代表的社区体育公园建设模式

广东省珠海市香洲区创新思路，充分吸收欧洲和港澳地区的街心公园建设经验，自2012年开始，在不改变土地用途、不征用土地的前提下，通过升级改造小规模不规则的城市"边角闲置地块"，建设了高品质、集约型的社区体育公园，彻底将城市脏、乱、差的市容"黑点"变为城市管理的"亮点"，并将各项建设指标具体量化，打造出"香洲标准"——从选址规划、场地清理、资金投入、工程建设、维护管理方面，市、区各职能部门协同推进，并及时听取民意，自上而下形成了强大的合力，各个环节都做到了"有人负责、有人管理、有人监督"。该地区在初期规划体育运动场地时就将公园类的运动场所与步行道路之间相连接，这是大面积提升群众运动场所的有效措施。同时在运动公园等场地外连接设置较长的步行区域，也是提高城市内部绿色健身覆盖度的有效方案。目前可以对该地区已经建设的社区型体育运动公园进行划分：一是在区域内部原健身区域的基础上增加体育设施覆盖度；二是对城区闲置土地、荒地、不雅地进行改造；三是在居民生活的小区内，在小区边角地带"见缝插针"地进行建设。

为避免出现"重建轻管"现象，实现可持续发展，必须依托于制度化的管理机制。为此，香洲区将社区体育公园建设与管理统筹考虑，注重加强社区体

育公园及其设施的全过程管理。比如在具体规划设计项目时，合理分配场地率与绿地率，兼顾活动与休憩，同时进行科学的功能分区，以满足不同年龄人群的需求。在设置场地设施方面，结合用地面积依次考虑采用比赛、训练和健身场地标准。在用料、市政设施、公园标志、指引牌、提示牌等方面也明确统一标准。在建设方面，尽量做到因地制宜，注重保护绿化，不破坏原有风貌。在后续管理中，一方面，实行专业化管理的范围。将已建成使用的社区体育公园道路、公厕等设施全部纳入市政公共设施养护管理，由区财政安排资金，区城管局、区文体旅游局负责维护维修，确保社区体育公园设施完好。另一方面，实行规范化管理。香洲区人民政府制定出台了《香洲区社区体育公园建设与管理办法》，明确"政府主导分级监管、企业负责、管办分离"的原则，采取委托区属企事业单位或服务外包的方式强化日常管理。同时，倡导建立社区自治的管理机制，发动社区居民志愿者参与日常管理，搭建政府与群众互信互动的桥梁，形成镇（街道）、居委会、社区居民"自治管理、共同维护"的良好局面。如在市民活动密集、场地使用可能冲突的时段，社区工作人员会在现场对居民实施引导，并帮助大家制定规则，避免因争用场地设施而发生纠纷。社区体育公园的足球场由此形成良性秩序：所有参与踢球者分成5~7人一队，两队比赛时间为5分钟，5分钟内谁先丢球谁就下场；5分钟后都不进球，两队同时下场。目前，这项规则已成为足球爱好者在社区体育公园活动时共同遵守的"乡规民约"，从而确保设施长期发挥效益。

五、以湖北省大冶市等为代表的民间体育社团模式

湖北省大冶市有比较浓厚的篮球文化氛围，篮球设施比较健全，篮球场地覆盖全市每一个社区和行政村。2007年3月，在一批业余篮球爱好者的自发组织下，大冶市篮球联盟注册成立。作为一家完全由民间自筹自建的体育社团，大冶篮球联盟为会员提供组织比赛、聚会、联系赞助、策划宣传等方面的服务。联盟每位球员一年需缴纳会费600元，学校球队的球员会费减半。联盟完全采用美国NBA赛制：实行东部、西部循环赛制和总决赛制。但大冶篮球联盟也有自己的特点，那就是具有民间性。它的球队组成复杂，有工人、学生、企业白

领和公务员等。经过几年的发展，大冶篮球联盟现已拥有20个俱乐部，注册球员达300多人，并在地方政府的支持下兴建了一座集群众娱乐、休闲、健身、科教、比赛为一体的全民健身中心篮球馆。该篮球馆一年能举办360多场包括篮球联盟常规赛、季后赛、总决赛在内的篮球比赛，这些比赛吸引了数万人次群众观看，极大地丰富了市民的文化体育生活，成功地开发了大冶篮球商业比赛的市场。这也使大冶篮球联盟成为中国最有活力的业余篮球联盟之一。

六、以山东省体育局等为代表的部门协同模式

在山东省，公共体育建设工作被纳入全省重大专项活动中，为了保障其顺利开展，山东省体育局努力探索"政府主导、部门协同、全社会共同参与"的"大群体"公共体育发展路径，并取得了一定成果。其做法主要有以下几点：一是将基本公共体育服务纳入《山东省基本公共服务体系建设行动计划》的编制内容，明确了基本公共体育服务的重点任务、基本标准和保障工程，积极建立促进城乡区域公共体育服务均等化的公共保障机制。二是加强部门协调，推动部门联动。在明确省体育局系统落实任务和职责分工的同时，围绕各项重点工作任务，会同省文明办、文明委、妇联、团委、总工会、发改委、财政厅、旅游局、教育厅、民委残联、卫生厅等12个部门单位就农村体育设施建设，城市体育先进社区创建，妇女健身活动展示及示范站点创建，全民健身志愿服务组织建设及志愿服务活动开展，公共体育设施建设开放，体育产业培育发展，全民健身休闲会，学校体育设施开放管理，全省中小学和大学生体育联赛，残疾人体育经费支持和活动开展，职工体育活动开展及示范基地创建等联合出台有关文件，加大对各类体育资源的整合力度，推动各项重点工作落到实处，积极构建协调推进、齐抓共管的工作局面。其中该地区建设发展速度最快和实用性最高的当属群众性体育运动服务系统。支撑这一系统上下运行的支撑性平台主要有运动行为指导、日常事务管理和运动数据统计平台，另外还设有设备使用状况和具体活动内容的数据统计系统，随时可供其管理主体和使用主体查验其活动开展的有效性。该系统的建设将真正实现各政府部门之间的信息共享，打破"信息孤岛"的制约，使得一站式公共体育服务成为可能。

第三节　国内外公共体育服务建设的启示

从发达国家和国内部分地区推进公共体育服务体系建设中我们得到的启示主要有以下几个方面。

一、完善体育法治建设

体育法治建设是一个系统的工程，从国家层面来说，包括体育基本法规、体育领域法规、体育单行法规等方面的建设。体育领域法规包括：《社会体育指导员技术等级制度》（1993）、《全民健身计划纲要》（1995）、《社会体育指导员国家职业标准》（2001）、《农村体育工作暂行规定》（2002）等社会体育法规；国家针对学校如何开展体育运动工作结合以往学校运动的具体数据和现阶段国家对学生运动和健康水平的要求，根据学生年龄阶段制定相关的运动基数和身体健康程度的衡量标准。并强调学校不能过于追求提升学生每日运动基数而忽视学生身体承载的状况，对教师过度锻炼学生而引起学生身体方面的健康问题的惩罚措施在法律层面进行具体规定。同时国家也提出不仅要重视社会群众性体育运动状况扩展的程度，还需要提升我国竞技性体育项目的综合实力。对培训各项体育运动员的项目指导人员是否具备相关专业知识和指导能力进行严格审查，确保参与竞技性体育运动的人员以最优年龄状态和运动技巧参与全国性的技能比拼。针对部分人员在各项竞技性比拼中冲破原有纪录的现象及时登记于国家纪录中心。在举办的大型竞技性运动活动中还要关注其大会服务人员和裁判人员的具体工作内容是否依照标准执行，不能使观看群众由于对竞技性赛事中流程结果的质疑而降低对体育运动的热爱度。结合竞技体育项目实际训练的需要，国家科技领域可以在原有运动器材的基础上进行针对性和实用性的提升，确保竞技性比拼人员硬件设备方面的需求得到有效满足。这些年在体育运动过程中出现运动员使用兴奋剂参与比赛的现象，这一情况是对所有参与项目竞技比拼人员不公平的体现，举办大型运动竞技赛事的主体应针对这一问题重点查验。并且在群众对体育竞技运动有较大支持度和参与度的情况下，应确保社会大型体育团体有继续拓展体育规模和成就的资金支持，拓展除彩票行业外其他支撑体育项目进展的资金来源。

现阶段，我国体育法律存在的问题是：立法不完善和法律地位较低。这两方面的问题导致体育工作无法顺利完成，因此体育法规体系的横向与纵向方面都还需要逐步完善和全面发展。在我国基本法内增加对相关体育内容规定的各项法律标准，结合中国社会文化方面的具体要求对各项体育内容具体实施过程进行法律层面的规范。地方在体育法治建设过程中要始终坚持和落实依法治国的方略，还要符合我国市场经济需要。只有在保障宪法为根本大法、以体育基本法为前提条件、以体育相关法律为基本骨架、以体育单条法律为基本点的基础上，才能促进法律完善和结构升级、层次清晰并符合现代体育规律的体育法规体系的建立健全，将体育事业进行全面的规范化和法治化管理，促使公共体育发展做到有法可依。

二、明确政府在公共体育服务体系建设上的作用

实践证明，政府并不能总是有效地对体育资源进行配置，而且我国长期实行的"体育全能政府"模式已难以适应当前信息时代发展的需要。那么，政府能做什么？政府适合或者擅长做什么？美国行政学家戴维·奥斯本和特德·盖布勒在其代表作《改革政府：企业精神如何改革公营部门》中指出，政府及其部门在政策管理、规章制度、保障平等、防止歧视或剥削，保障服务的连续性和稳定性以保持全社会的凝聚力等方面更胜一筹。具体到公共体育服务体系建设领域，政府应集中精力于完善制度法规体系，保障基本公共体育服务的供给，注重城乡城市居民和进城务工人员之间体育资源的平衡，以保证公共体育的公平性。要加强政府投资机制创新，提高政府公共体育服务投资的效果和效率。

为了适应新时代的发展需求，牢固树立为人民服务的宗旨，我国各级政府在党中央的领导下正在深入推进政府职能改革，全面建设服务型政府。服务型

政府职能的完善，也将为各地发展公共服务事业，为广大公民创造高水平的生活环境建立牢固的体制保障。在公共体育服务领域，各级政府需要以服务型政府的各项要求来确定体育事业的发展方向。同时要以服务型政府的各项标准来提升公共体育服务的供给水平。为确保公共体育服务的均等化发展，政府应在服务型政府的改革中，为公共体育事业建立制度保障。使公共体育的发展能够与社会积极的总体发展情况相适应，使公共体育产品的供给能与人民日益增长的生活水平相配套。要对投入方式进行革新，实行公共体育服务的政府买入政策、政策扶持、专项资金扶持、免息贷款等投入方式，引入竞争制度，提升投入效果。激励社会组织积极参与公共体育服务供给体系建设，制定科学的税收政策，实现扶持公共体育事业发展的目的；制定经济政策，鼓励社会力量对体育事业进行捐赠，适当降低公益性体育机构进入标准，激励社会资本与外资参加公益性体育活动，吸收和激励社会力量投资兴办公共体育机构，建设公共体育场所，提供公共体育服务。

三、注重发挥市场作用

在新时代背景下，公共体育事业的发展不能仅仅依靠政府的投资与管理，还应该注重市场主体与社会组织的作用，通过市场化的机制和手段，建立完整高效的公共体育供应链体系。要在供给主体方面实现改革，改变过去由政府单一供给的方式，建立社会多方力量共同参与的多元供给渠道。借助供给主体的多元化，实现供给产品的多样化。从英国、美国、德国、日本等发达国家在公共体育领域的实践经验来看，这些国家十分重视市场主体供给的作用。尤其是在居民的体育健身需求方面，发达国家多以体育健身俱乐部的发展，向居民提供专业化、高质量的健身服务和体育产品。

当前，我国公共体育服务要借助社会和市场的力量实现市场化、社会化改革，但在实践操作过程中，政府仍占主导地位。在这种情况下，政府在进行公共体育服务供给的过程中，势必面临难以顾及的问题，要实现保障公共体育产品切实满足广大居民的具体需求这一目标的难度较大。以此，为了使公共体育服务水平在市场经济的大环境下提升到一个新的高度，我国需要制定和完善新的公共体育发展战略，并推出相应的政策和法规，注重发挥市场的作用，建立更为完善的公共体育供给体系。在法律法规的保障下，在市场机制的调节下，加强供给机制改革，从而有效规范各方供给主体的行为。

四、鼓励体育社团、学校参与公共体育服务

体育社团是多元化公共体育服务体系的有机组成部分，但由于我国长期对非政府组织采取严格管控的政策，其活力难以真正释放；加上其自身存在一些信任危机，使得其在筹资上一筹莫展，面临严峻的生存压力。为了发挥体育社团在公共体育服务体系建设方面的作用，政府应放宽对体育社团的管制，积极引导体育社团发展，在税收等方面予以优惠，从而促进其健康发展，使其更好地承接政府下放的部分职能。

充分利用学校资源，发展"学区体育"。我国体育场地大多数属于教育系统，大约占总量的65.6%，其中对外开放的比例仅为29.2%，且利用率不高。学校体育场地的总量和开放程度都不足以满足公共体育的发展需求。因此，在公共体育事业的发展中，我国应该继续探索学校与社会合作发展的新模式，使学校的设施资源和社会中的体育人力、资金等资源能够紧密融合，协调发展。学校可以进一步开放体育场地，为社会公众开展体育健身活动提供便利。借助这一机会，社会体育机构也可以向学校输送体育教练和体育服务，提高学校体育教育的发展水平。日本和德国等国的经验都证明，只有加强校园体育和社会体育的互动，才能使公共体育事业和体育教育获得全面提高的机会。同时，在社会力量的支持下，高校体育社团和俱乐部才能获得更多体育资源和发展机会。高校要在开展体育教育和体育俱乐部的过程中，积极面向社会开放，借助社会性的体育活动和体育赛事，为学生开辟走向社会的窗口，同时提高高校体育俱乐部在公共体育活动中的竞争力和影响力。

五、注重绩效评估

科学有效的绩效评估是确保公共体育健康发展的重要依托，也是对政府和社会各个供给主体进行考评和监督的重要手段，更是检验公共体育发展成果的

有力工具。因此，我国在公共体育事业的发展中，应该按照总体发展目标和发展策略，建设与新时代相适应的绩效评估体系。在绩效评估体系的建设中，应该充分吸取发达国家和地区的经验，用先进的理论和科学的方法对公共体育服务的各个领域的发展进行评估。绩效评估体系应坚持以下原则和方法：一是坚持以人为本的原则，围绕广大公民的体育需求，按照群体的满意度判断评估体系的合理性和有效性。使绩效评估的最终目的是监督供给主体，保障公民的基本体育权利。二是评估体系不能一刀切，应因地制宜，突出变化与发展的原则。要根据各地发展的具体情况以及公共体育不同领域的属性来分层次、分类别地制定评估标准。三是实现评估体系要与监督机制相结合。在评估标准的规范下，能够形成有效的监督体系，确保政府及其他供给主体能够按照既定目标和标准来运行。社会公众和第三方机构要形成合作监督机制，保障公共体育服务的均等化发展。四是评估体系与奖惩问责相结合。要使对公共体育服务发展做出突出贡献的组织和个人能够得到奖励和补偿，奖励方式可以视情况而采取物质奖励或精神奖励的形式来进行。要依据评估体系，对政府和市场主体实现问责，尤其在体育资源的利用效率和体育服务产品质量方面要加强监管。

六、以公众需求为导向

我国的公共体育服务体系建设目前基本上还是以政府为主导，自上而下推进，并且偏重公共体育设施数量方面的供给，公民的意见并没有被充分地考虑，由此便形成了公共体育设施短缺与闲置并存等种种现象。归根结底，是由于无法摆脱"运动式"的发展思维。我们需要明确的是，公共体育服务体系最根本的目的在于满足社会大众对体育的需求。因此，公共体育服务体系的建设不仅仅是政府要提供各种体育场地和体育设施，还要社会大众作为需求主体积极参与到公共体育生活中来。为此，我国应将公众参与率纳入政府绩效评估体系中并逐步提高其比重，以促使各级政府在建设公共体育服务体系的过程中能够时时做到"问计于民、问需于民"。

第六章
京津冀城市公共体育空间规划及服务开展

第一节　京津冀城市公共体育供给的内容

一、京津冀区域竞技体育服务

竞技体育是体育中重要的一环，竞技体育不仅能为本地区争得荣誉，体现训练水平，还能够对群众体育事业起到很好的示范引领效应。在竞技体育层面，京津冀区域公共体育服务供给的目标是实现地区竞技体育实力的总体提升，完善竞技体育市场，实现可持续发展。从现实角度来看，京津冀地区各省市均有其优势竞技体育项目，如河北省的乒乓球、射击、跳水、体操、举重、羽毛球，天津的排球、网球、柔道，北京的乒乓球、足球等均为本地区的夺金重点项目。在区域体育协同发展的过程中，拓展三地优势项目，带动落后项目的提高是区域竞技体育服务的重要环节，政府供给的区域竞技体育服务可分为竞赛表演、运动人才交流、后备人才培养等层面。

第一，在竞赛表演领域，加强各省市运动队之间的交流。尤其是在冰雪项目的培育层面，京津冀三地具有良好的冰雪资源禀赋及冰雪运动传统，在京津冀区域内部广泛开展跨界选材、跨地区选材的形式，联合培养冰雪人才，为2022冬奥会贡献力量。第二，提高运动项目参与人员和指导人员之间默契和技巧方面的交流度。要想各项目参与人员最终竞技成绩超越他人，不仅需要运动员自身有较强的基础素质，还需要该项目的教练员结合运动员基础数据调整教学手段技巧的能力。京津冀三地可以选派各自的优势项目教练员到其他省市任教，或者开展教练员之间的挂职活动，能够实现教练经验交流及学习，带动本地区项目水平的提高。运动员也可以在各省份之间实现互相流动，取长补短，共同发展。第三，确保各项目竞技体育在各年龄阶段都有资质较为优异的运动员。一方面可以在该地区适宜年龄阶段学校中选拔储备性竞技运动员，为其配备有较多参赛经验的运动指导者将其优势部分充分展现；另一方面将不同区域内培育竞技性人才的方法进行交流，综合不同主体的特色培育技巧。

二、京津冀区域群众体育服务

开展体育运动，增强人民体质。群众体育的出发点是保障人民群众的体育权利，全民健身是一项民生事业，保障体育参与可以满足人民群众对幸福生活的新追求。在群众体育方面，区域公共体育服务要增强全民健身事业交流，培育区域全民健身品牌活动，使京津冀地区群众体育活动更好地普及，同时也要避免健身活动同质化，使区域的全民健身事业迈上一个新台阶。京津冀三地的事业发展"十三五"规划中，均提到了建设京津冀体育健身休闲圈，足以体现群众体育在京津冀的体育协同中的重要地位，也体现了京津冀区域公共体育服务体系的重点环节。在区域协同背景下开展群众体育，要做好全民健身活动基地的培育，积极开展区域群众体育活动，加强京津冀三地体育社团的交流，促进体育信息共享。

第一，开展全民健身活动基地的培育。充分利用京津冀地区的自然资源禀赋及体育场馆资源，构建特色鲜明的体育休闲区。根据《京津冀健身休闲运动发展规划纲要》的要求，打造国际知名运动休闲目的地、国家运动休闲区、环京津运动休闲带及运动休闲走廊（简称"一地""五区""五带""六路"）基本空间布局，不同的运动休闲区有不同的特色活动，如山地户外、水上健身、冰雪运动、城市健身等，合理配置京津冀地区的群众体育资源。第二，积极承办区域群众体育赛事，打造品牌活动。在不同区域内举办各项目的赛事比拼并不只是要考察该区域内运动状况如何，更是要拓展该区域发展体育运动项目的视角，现阶段可以将体育运动的类型向休闲性方向进行带动。结合京津冀地区的自然资源及体育传统，打造"三大球"、乒乓球、户外休闲运动等群众体育品牌活动。将国际级休闲型比赛项目的标准引入国内项目比拼活动中，在不同区域内打造有其文化特征的体育竞争项目。第三，使京圈范围内所属地区培育竞技性人才的有效技巧进行交流，根据其所属地区具有体育资源的不同开展交换性体育扶持。一方面，加强组织层面的交流，要加强三地体育总会及体育社团联盟，在三大球、冰雪项目等领域建立京津冀单项运动协会联盟，加强体育社团的沟通建设，促进项目的切磋交流；另一方面，群众体育信息层面的交流，提升全民健身信息化水平。在信息化建设方面，响应国家号召，完善"互联网+体育"的参与模式，建立京津冀区域公共体育服务信息共享平台，打通三地公共体育服务信息交换的壁垒，为京津冀区域内民众提供一站式的公共体育服务，运用"互联网+体育"的形式，建设京津冀体育场馆联盟，实现体育场馆设施的共建共享，打造智慧体育网络。

三、京津冀区域体育产业政策制定

以往国家颁布的促进体育产业消费状况的相关文件曾指出，体育产业较社会中其他带有经济效益的产业更有前景和拓展的空间。因此要以体育行业的不断改进和拓展带动其他附属行业持续产生经济效益，使我国由参与体育运动基数大的国家转变为体育方面较为精深和质量优势较高的国家。京津冀区域具有丰富的体育资源，区域公共体育服务包括京津冀区域体育产业带、体育产业聚集区的建设，打造区域体育休闲品牌，促进区域内的体育用品制造业转型升级等几方面的内容。

优化布局，协力打造京津冀体育产业带。发展区域体育产业，要充分发挥市场在资源配置中的基础性作用，充分利用三地的资源优势，如北京可以在体育科研、市场营销、体育培训领域重点发力；天津发挥广告、经纪等中介产业；河北充分吸引利用京津两地的资源，发挥自己的自然资源优势，发展体育用品制造、运动休闲旅游等产业。第二，加强京津冀区域体育休闲品牌的建设与交流。一方面，加强体育产业与旅游、健康、医疗等产业的深度融合，打造满足人民群众多重体育需求的运动休闲特色小镇。加强体育赛事活动、体育用品制造、体育会展等多重品牌建设，提升区域体育产业的总体质量，实现"1+1>2"的效果，将崇礼国际滑雪节、衡水湖国际马拉松、秦皇岛国际马拉松、邯郸国际太极拳运动大会等打造为国际品牌。第三，营造良好的市场交流环境，为区域内体育产业整合疏通障碍。一方面，利用互联网优势，利用京津冀产业交流大会、高峰论坛、信息资源平台等线上或线下平台，加强三省市体育产业的交流，促进体育企业的招投标、产业合作等。另一方面，推动体育产业对外合作，京津冀区域协同不是封闭的内部协同，还包括京津冀地区作为一个整体与外部环境的交流，将区域协同与区域间协调联系起来，加强与珠三角、长三角等地体育产业的交流合作，建立体制机制，促进体育产业转型升级。

第二节　京津冀城市区域公共体育服务供给

一、京津冀一体化建设的历程分析

（一）建设首都经济圈阶段（1981—2000年）

早在改革开放初期，京津冀政府就已经开展了许多协作治理的尝试。那一时期距北京地理位置较为接近的几个省市根据自身掌握体育资源的不同，根据各自拓展体育方向的实际需要建立联合性的物资运送组织。借助政府体育管理和服务部门为支撑牵引，使不同区域体育设备企业之间的经济往来大幅度增加，调整区域内部已有体育资源单一的现状。这一联合性物资运送组织的有效成果体现在可以将不同区域内部的基本生活资料围绕北京从其生产基地向外运出。80年代中期，环渤海和京津冀地区作为国家国土整治战略的四大试点地区之一开始了区域合作的尝试，主要通过跨区域交通基础设施建设、水资源节约利用、土壤污染等领域进行合作。在构建环渤海经济圈相关概念被提出和正式实行后，天津这一地区逐渐成为该经济圈物资提供和经济往来的重要区域。同时该地区内部还就如何使现阶段经济得到大规模增长建立联合组织会，成为该经济圈范围内有较为正式运行机制的区域性组织。再后来北京周边地区借助天津市的发展经验围绕北京地区建立新经济圈，使这两地成了对外开放程度较高的区域型组织。这些区域型组织之间在城市内部信息和资源数量之间进行有效沟通，同时还将本区域一些手工加工的其他工业品向其他区域外销。这两个大型区域间协作组织都有专门负责区域间交流合作的相关部门，以提高区域内部各城市之间基础资源交换为基础，保证区域内部向其他方向拓展的资源需要。但进入20世纪90年代，京津冀政府间协作陷入停滞，无序竞争情况加重，之前成立的一些区域政府协作组织也销声匿迹。

首都经济圈建设时期，京津冀区域进行了一些协作治理的尝试，成立的华北地区经济技术协作区、环京经济协作区等协作组织，加强了区域间交流。但当时由于经济、社会等多种原因，跨区域协作难度大，协作效果十分有限。原因来自多个方面，一是合作初期合作成果见效快，但缺乏长期的规划，区域组织又难以承担区域产业规划和区域协调的职责；二是企业间建立起了广泛的联系，不再仅仅依赖政府牵线搭桥的职能；三是机构改革对经济协作部门的反复冲击[1]。该阶段的协作以环京、环渤海为主，但围绕北京的协作成果较为显著，因此本研究将其称为首都经济圈建设阶段，该阶段开启了京津冀区域协作的序幕，取得了一定成果，为接下来的京津冀一体化建设奠定了基础，但由于历史现实等多种原因，协作效果十分有限。

（二）京津冀都市圈建设阶段（2000—2011年）

2004年随着国家"十一五"规划纲要的发布，《京津冀都市圈区域规划》作

---

[1] 高新才. 改革30年来中国区域经济合作的回顾与展望[J]. 西北大学学报（哲学社会科学版），2008（05）：20-27.

为一项重要的区域规划受到重视，由国家发改委主持的京津冀地区经济发展战略研讨会在河北廊坊召开，会上三地政府达成"廊坊共识"，提出了三地在公共基础设施、资源及环境保护、产业与公共服务等领域加速一体化的愿望，并决定开始共同编制京津冀都市圈发展规划。此后该规划几经调整和修改，在七年后的2010年将《京津冀都市圈区域规划》上报国务院，但最终并未正式推出。

除制定规划外，在此期间京津冀区域合作机制也有一定推进。2004年6月召开环渤海合作机制会议，环渤海地区的京津冀晋蒙辽鲁七省市有关负责人参加会议，会上达成了《环渤海区域合作框架协议》，决定成立环渤海区域经济合作联席会议，学习借鉴泛珠三角合作机制的经验，对区域合作的现状前景及合作的优先领域、工作安排、机制建设等问题进行了讨论[①]。在前几年由天津市为主要发起城市在京津冀范围内开展如何促进资源合理利用的交流会议上，七省市就将本区域内已有经济增长资源与其他城市共享的问题达成共识，并继续研究如何将各区域内生产信息进行有效利用。

这一阶段京津冀区域的协作治理逐渐成熟，在此借用"十一五"规划订立的规划名称将该阶段称为京津冀都市圈建设阶段。虽然受到种种社会历史因素以及全球金融危机的影响，《京津冀都市圈区域规划》尚未完成，但相比于上一阶段，该阶段更加注重长期的建设规划与布局，重点关注协作机制的完善，协作治理有一定成果。新世纪伊始的京津冀一体化建设有序推进。

（三）京津冀协同发展新阶段（2012年至今）

在党的会议不断召开的前提下，我国对京津冀地区发展状况的重视程度也在持续加深，期待将京津冀地区经济增长的手段进行创新。以前我国针对京津两地发展的要求就是要结合社会主义的前进方向，进而带动周边其他地区资源和生产方式的革新。随着京津地区现有实际经济效益的增加，我国将对京津地

---

① 2004年6月26日，环渤海合作机制会议在河北廊坊召开[EB/OL]. [2019-06-26]. http://www.sohu.com/a/323063807_100032072

区经济增长状况的提升带入到国家战略层面，提出将不同区域内资源和生产技术进行有效整合的方式实现经济增长。现阶段就目前京津地区经济发展过程中存在的新问题，我国成立专门研究京津地区资源和经济增长方向状况的小组，为京津地区改进制造方向和生产水平提供后部数据保障。其他地区在解决改进经济增长方式和资源需求情况问题时，并没有同京津地区一样小组研究式的政策待遇，可以明显看出国家对京津地区发展的期待情况。

在此期间各地方政府陆续出台了一系列的框架协议，京津冀的一体化建设速度明显加快。同时北京与天津两地区在交通方式部分进行速度上的高效率提升，督促两地连接港口之间物资运送效率的增加。两市还就共同部分开展科技范围的研究，在社会生产的部分领域开展更深层次的协作，签订更多的合作和生产协议，弥补区域之间资源和生产技术层面的不足。2014年3月，中共中央、国务院发布的《全国新城镇化规划（2014—2020）》提出将京津冀建设成为世界级城市群，在优化城镇化布局和形态、推动城乡发展一体化方面共同发力。

2012年以来，特别是《纲要》的颁布使京津冀协同发展上升到国家战略的高度，京津冀的一体化建设步伐明显加快，京津冀的战略地位凸显。由于国家建设服务型政府的相关要求以及京津冀区域整体实力的提升，三省市在此期间出台的其他相关协议也更加关注京津冀地区公共服务的建设。京津冀在经济发展、产业交通、生态环保、公共服务等领域均有了飞速发展。

二、京津冀一体化建设催生了区域公共服务

（一）区域公共服务是京津冀一体化的重要组成部分

首先，京津冀区域公共服务一体化是京津冀一体化建设的必然要求，也是京津冀协同发展的重要目标。在区域治理中，地区间的公共服务差距过大、区域公共事务碎片化、供给效率低下等问题，会严重影响区域的协同发展及一体化进程。为解决这些问题，地方政府要打破传统行政区划的界限，将区域内的资源进行优化配置，促进区域公共服务的一体化，深化区域间协同发展。因此只有加强区域公共服务的一体化，才能实现一体化建设的良性发展。

其次，公共服务是人民群众获得感、幸福感、安全感的重要保障，共享优质资源是京津冀一体化的必然要求。北京地区集聚了优质的教育及医疗资源，如何让这些集聚的公共服务资源辐射到津冀地区，惠及更多民众，让天津和河北的民众享受到家门口的教育和医疗资源，缩小区域之间的公共服务差距，既是区域一体化的必然要求，也是建设服务型政府的需要。

（二）京津冀区域公共服务的供给与效果

目前京津冀地区的区域公共服务的供给已取得一定效果。20世纪80年代首都经济圈的提出开启了京津冀区域一体化的进程，京津冀区域公共服务开始萌芽，但发展速度缓慢。《纲要》发布后，三地通过一系列合作框架协议，努力推动三地"一张图"规划、"一盘棋"建设、"一体化"发展，本部分梳理了京津冀在交通、生态环保、教育、医疗等领域的公共服务合作成果。

京津冀三地通过联合组建投资运营公司、推进"断头路"建设以及构建经济一体化交通网络等手段进行统一协调，为京津冀一体化建设提供了基础设施保障。一些高速公路"断头路"和"瓶颈路"已经开放或扩建，并开通了多条省际公交线路，公交的一卡通实现了三地七个城市的互通。基础设施将在未来几年集中交付，北京高铁半小时交通圈将于2020年建成，由北京、天津和雄安组成的首都半小时交通圈多中心布局也在逐步形成。提升了城际的通勤效率，有效扩大各城市的辐射范围和加强城市间联动性。2022年冬奥会的筹办也为基础设施建设贡献了力量，自2015年北京冬奥会申办成功以来，三地在基础设施领域协作发展势头良好，京张高铁不仅服务于冬奥会，还将京津冀城市群中最发达的北京和最欠发达的河北西北部山区连接起来，使两地的公共服务建设走向协同。

生态环境保护是促进京津冀可持续发展的重要保障。2013年发布的《大气污染防治行动计划》要求成立京津冀及周边地区大气污染防治合作组，从国家层面开展空气污染控制，财政部还设立了专项资金，以保障京津冀地区雾霾治理工作①。此外，三省市还就水污染防治、城镇污水垃圾处理、张承生态功能区建设等项目进行了深入合作，整体统筹设计，提升了公共服务水平②。

京津冀地区教育领域的协同主要围绕联合办学、异地办学、产学研结合、资源共建共享、人才培养与需求对接等领域达成务实合作。2017年发布的《京津冀协同发展教育专项规划》为京津冀教育协同发展规划了蓝图，要求在教育资源布局、公共教育服务能力、职业教育与产业融合、高等教育协同发展与教育国际化等五个方面实现协同发展。2019年的《京津冀教育协同发展行动计划（2018—2020年）》则提出了更为具体的行动指南，从支持雄安新区建设、跨省域合作办学、教师资格职称互认、课程互选、跨省域招生会商等几个方面着手。在教育组织体系上，相继成立了京津冀教育协同发展研究院、京津冀现代职业教育协同发展研究院、京津冀艺术教育协同发展联盟，此外还研究制定了首都高校外迁总体规划等。

京津冀三地在医疗卫生领域的合作也卓有成效。2015年9月编制的《京津冀卫生和计划生育合作开发合作协议》从医疗服务区域合作、区域联动、规划对接、协调机制、信息一体化以及人才培养与合作等几个角度指明了方向。在合作项目上，启动北京、张家口、承德等重点城市的医疗合作项目，开展异地医保报销、短缺药品协调委托生产、医疗检查结果三地互认，各大医院设立了远程会诊及转诊绿色通道，为患者带来了便利；公立医疗机构跨省托管，带动了落后地区技术水平及服务能力的提升。

（三）京津冀一体化建设需要扩大区域公共服务范围

基础设施是京津冀一体化建设的基础条件，只有实现基础设施完善，才能提供更高层级的公共服务。"十三五"规划指出了京津冀区域一体化的努力方向：调整优化经济结构和空间结构，打造世界级城市群。京津冀区域一体化的

---

① 中国政府网.《大气污染防治行动计划》实施情况中期评估报告[EB/OL]. [2016-07-06]. http://www.gov.cn/xinwen/2016-07/06/content_5088795.htm

② 《京津冀区域环境保护率先突破合作框架协议》[EB/OL]. [2017-01-24]. http://www.bjepb.gov.cn/bjhrb/xxgk/fgwj/qtwj/zcjd/808350/index.html

重点是实现区域内各行业的发展，只有为产业发展提供便利的市场环境，为民众提供更好的公共服务，才能实现真正的区域一体化。目前京津冀区域公共服务已取得一定成果，自《纲要》发布以来，京津冀政府主动牵线搭桥，签署一系列框架协议，开展重点项目的突破，三地在交通、生态环保、产业等三大领域率先突破，在教育、医疗、金融改革创新等领域也重点推进，经过四年时间的努力，有序地疏解了非首都职能。京津冀区域内的基础设施建设已大体完善，具备了打造一体化市场的基本条件，为提供更高层次的公共服务打下了基础。因此要扩大公共服务的范围，不仅要提供"有形"的产品，还要为促进区域内各行业的发展而努力。从这个角度来看，只有扩大京津冀区域公共服务的范围，才能实现全方位的一体化建设。

三、供给区域公共体育服务是京津冀一体化建设的必然要求

发展京津冀区域公共体育服务是国家顶层设计的必然要求，是人民群众的必然选择，也是京津冀地区实现协同发展的必由之路。本部分从体育在京津冀区域规划中的重要地位、区域公共体育服务推动三地政府合作等角度论述京津冀区域公共体育服务供给的内在必然性。

（一）加强区域体育合作符合京津冀发展需求

加快推进体育事业协同发展，既是国家顶层设计层面的必然要求，也是京津冀三地的战略选择。京津冀三地的体育合作开始于2008年北京奥运会期间，天津和秦皇岛是北京的协办城市，自此京津冀三地将体育合作提上了日程。"十二五"期间河北就开启了环京津体育健身休闲圈的建设，将环首都经济圈作为推动河北发展的新契机。纵览京津冀地区"十三五"期间发布的政策文件，均将体育发展放在了显著位置。北京市提出"提供更多更好的公共文化体育服务，推进集文化休闲、教育培训、体育健身为一体的文体综合服务设施全覆盖，

深入开展全民健身，发挥冬奥会带动作用发展冰雪运动①"。天津市提出将发展休闲旅游、体育健身等消费业态作为生活服务业的重点环节②，河北更是将全民建设和全民健康深度融合，将体育发展和全民健身融入"健康河北"总体规划中。在京津冀三地分别颁布的体育发展"十三五"规划纲要中，三省市均将"京津冀体育协同发展"列入重点环节，在共建京津冀体育健身休闲圈、建立群众体育赛事活动品牌库、京津冀体育产业带建设等方面做出了重要规划，把握京津冀体育协同发展的重要战略机遇有利于深入推进三地公共服务一体化建设，符合三地发展的共同需求。

2022年北京冬奥会是国家的重大事件，京津冀协同发展是国家的重大战略，二者在时间、空间上都有一定重合，冬奥会的机遇有利于三地建立体育工作联动机制。冬奥会势必会带动京津冀地区冰雪产业的快速发展，冬奥会计划沿北京城区—延庆—张家口一线使用12个竞赛场馆，建设3个相对集聚的场馆群，北京承办冰上项目，延庆和张家口承办雪上项目③。在冬奥会的推动下，三地不仅会在体育场馆、京张高铁等有形服务上突飞猛进，在政策、赛事、人才交流、智库建设等无形的公共体育服务层面会有更深层次的交流与协作，这无疑为京津冀合作带来了巨大的历史机遇，体育成为京津冀协同发展的关键词。

（二）加强区域公共体育服务供给是公共服务体系建设的需要

加强区域公共体育服务的供给是国家促进基本公共服务均等化建设的必然要求。公共服务是一个全方位、多层次的体系，可以分为全国性公共服务、区域公共服务和地方基层公共服务，2018年中央全面深化改革委员会第三次会议将区域基本公共服务列入计划，并在京津冀、长三角、珠三角等有条件的区域

---

① 北京市政府办公厅. 北京市"十三五"时期社会基本公共服务发展规划发布[EB/OL]. [2016-07-06]. http://www.beijing.gov.cn/zfxxgk/110002/content_02e63f8b66b245b3a6fa0d98a33189c8.shtml

② 天津市人民政府办公厅. 天津市发展"十三五"规划纲要[R/OL]. [2016-04-20]. http://www.tj.gov.cn/xw/tztg/201808/t20180820_3630197.html

③ 北京2022年冬奥会和冬残奥会组委会. 比赛场地介绍[EB/OL]. [2018-04-15]. https://www.beijing2022.cn/cn/competition_zones/beijing.htm

先行先试，探索区域内基本公共服务的有效衔接①。从区域公共服务的特点来看，区域公共服务从全局利益出发，由三地政府协商处理，在加强政府协作水平的同时，一定程度上可以制约或削减公共物品的外部性，提升供给效率。提升区域内部公共体育服务的水平和质量是提高群众对社会生活满意度的重要方面，也是满足我国政府这个公共服务覆盖水平的标准要求。总之，城市各区域内部公共体育的建设状况是衡量我国服务状况的重要参考标准，也是观察我国公共服务是否落实到个人的重要依据。

（三）供给区域公共体育服务为京津冀发展提供了新的经济增长点

发展区域公共体育服务的意义不仅在于保障人民群众的体育权利，还在于其可以推动区域内体育行业的整体发展，为京津冀发展培育新的经济增长点。体育产业具有互动性强、公众参与度高等优势，加上相关政策红利的扶持，已经成为京津冀一体化发展中的重要一环。2022年冬奥会紧锣密鼓地筹备更是使京津冀地区的体育产业成为关注焦点。有研究指出，京津冀地区总人口超过1.1亿，拥有巨大的冰雪消费潜力，北京、张家口等地在雪质、雪场等自然资源上具有得天独厚的优势，有望打造成为继阿尔卑斯山区、科罗拉多地区之后的"世界冰雪第三极"②。另外，体育与旅游的深度融合、体育特色小镇的开发建设也可以成为京津冀地区体育产业发展的新领域，如打造参与性体育旅游项目及体育研学等，均是区域公共体育服务供给的新兴业态③。利用京津冀地区的资源优势，在积极的政策支持下，开展多种产业融合消费方式，如体育+旅游、体育+互联网、体育+养老等产业的深度融合，打造区域健身休闲产业聚集区、国家知名运动休闲目的地等，都是区域公共体育服务的创新成果，可以充分发挥市场在资源配置中的决定性作用，增强区域体育产业业态升级的内生动力，打

---

① 中共中央办公厅，国务院办公厅.《关于建立健全基本公共服务标准体系的指导意见》[R/OL].[2018-12-12]. http://www.gov.cn/xinwen/2018-12/12/content_5348159.htm

② 新华网.争当世界冰雪"第三极"，京津冀联手打造"体育旅游圈".[EB/OL].[2017-12-08]. http://www.xinhuanet.com//expo/2017-12/08/c_129760598.htm

③ 来源于专家访谈材料。

造区域体育产业新兴业态,为京津冀创造新的经济增长点。

第三节 京津冀城市公共体育供给的基础与实践

一、京津冀地区具有良好的体育基础

良好的体育基础是合作的前提。京津冀地区体育资源总量丰富且优势互补,为区域体育合作提供了良好的基础;便捷的交通和相近的文化为京津冀区域公共体育服务提供了便利条件。

(一)京津冀体育资源总量丰富

京津冀地区的体育资源总量丰富,在体育设施资源、全民健身、竞技体育等领域有突出的成绩。在体育设施资源上,根据第六次全国体育场地普查数据,截至2013年底,全国人均体育场地面积1.46平方米,其中北京市2.25平方米,天津市2.12平方米,河北省1.4平方米[1](如表6-1)。虽河北略低于全国平均水平,但总体来看区域内部的设施资源较为完善且发展各有特色,北京、天津基本实现体育设施全覆盖,河北建成了89个全民健身户外基地。

表6-1 京津冀三地体育场地设施建设情况表

地区	场地数量(个)	场地面积(平方米)	人均体育场地面积(平方米)
北京市	20083	47691632	2.25
天津市	16233	31186973	2.12
河北省	64770	102280329	1.4

数据来源:根据第六次全国体育场地普查数据整理。

---

[1] 国家体育总局. 第六次全国体育场地普查数据公报[R/OL]. [2014-12-26].
http://www.sport.gov.cn/n16/n1077/n1467/n3895927/n4119307/7153937.html

在全民健身领域，京津冀三地民众体育参与热情较高，体育人口数量多。截至 2015 年，北京市经常参加体育锻炼的人数近 650 万人，《国民体质测定标准》合格率达到 89.2%，社会体育指导员 5 万余名；天津市经常参加体育锻炼的人数 542 万人，比例达 41.6%，社会体育指导员 31000 名；河北省经常参加体育锻炼的人数达 2539 万人，占人口总数的 34.2%，国民体质测定合格达标的人数比例达到 86.4%。基数庞大的体育人口及体质达标率，证明了京津冀三地在体育领域的合作大有可为，京津冀区域公共体育服务具有庞大的受众和市场。

表 6-2 京津冀三地全民健身开展情况表

地区	经常参加体育锻炼人数（单位：人）	国民体质测定合格率	社会体育指导员数量（单位：万名）
北京市	6500000	89.2%	49998
天津市	5420000	89.6%	31000
河北省	25390000	86.4%	70000

数据来源：根据国家体育总局及三地体育局官网及访谈数据整理。

京津冀地区在竞技体育方面也有雄厚的实力。奥运会、全运会等综合型赛事成绩一定程度上能反映出各省的总体成绩及优势项目。以 2017 年第十三届全运会为例，北京奖牌总数 75 枚、天津 62 枚、河北省 66 枚，三地在所有 33 个参赛队伍中均位列前十（如表 6-3 所示），体现出三地在竞技体育总体实力上相对雄厚。根据奖牌的项目分布，北京市优势项目分布在花样游泳、跳水、乒乓球、羽毛球、高尔夫等；天津市优势项目有网球、排球、游泳、击剑、柔道[①]等；河北省优势项目聚集在跳水、游泳、田径、射击[②]等。京津冀三地的竞技体育总体实力强劲，且各有其老牌优势项目。

[①] 龚明俊，王磊，靳庆伟，陈洪，李宗浩. 天津市备战十三届全运会竞技实力分析与非专项训练因素调控对策研究［J］. 河北体育学院学报，2015，29（06）：59-64.

[②] 申国瑞. 关于河北省运动项目的现状及努力方向设想. 第二届首都青年学者运动训练理论与实践发展论坛论文集［C］. 北京：首都体育学院，2009：308-308.

表 6-3 第十三届全运会京津冀成绩汇总表

地区	奖牌总数	金牌数	银牌数	铜牌数	全国排名
北京市	75	30	14	31	8
天津市	62	18	18	26	10
河北省	66	20	20	20	6

数据来源：根据网络公开数据整理。

（二）京津冀体育资源优势互补

京津冀区域内体育资源各具特色，北京市作为全国的政治和文化中心，体育消费需求高，在体育赛事及活动的营销运营及消费层面具有雄厚实力，仅2014年北京市体育产业实现增加值191亿元，总收入1055.7亿元，首次跨越千亿元台阶，体育服务业占体育产业增加值比重为54.9%，体育产业结构及发展质量都得到了优化[1]。天津市拥有丰富的场馆资源和现代制造业优势，153公里的海岸线为开展水上休闲运动提供了便利条件[2]。

河北作为京津腹地，土地面积最大，是我国地形地貌最为丰富的省份之一，且张家口地区拥有华北地区最大的天然滑雪场和坝上草原，白洋淀、衡水湖均为国家级湿地保护区，具备开展各种休闲体育项目的条件。河北省虽在体育消费能力等方面不如京津，但在全民健身与全民健康深度融合领域取得了很好的效果，探索构建"健身版""医疗版""运动版"等三种不同类型的健身健康融合中心建设模式，预计到2019年底，全省将完成80-85家健身与健康融合中心的建设任务[3]。河北省在全民健身的体医融合经验是值得北京和天津学习借鉴的重点内容。此外，河北省已命名"山水户外+休闲体育"为特色的全民健身户外活动基地89个，发展登山、攀岩、骑行等户外健身休闲项目，为区域公共体育服务提供了良好载体。总之，京津冀区域体育优势特色明显，为京津冀区域

---

[1] 北京市体育局，北京市发展和改革委员会. 北京市"十三五"时期体育发展规划[R/OL]. [2017-02-04]. http://www.beijing.gov.cn/zfxxgk/16/content.shtml

[2] 来自天津市体育局工作人员访谈材料。

[3] 数据来源于河北省体育局专家访谈材料及网络公开资料。

公共体育服务的协同供给打下了良好基础。

（三）京津冀交通设施丰富便捷

京津冀三地共享体育资源配套基础良好。《纲要》提出 5 年以来，京津冀交通一体化建设取得了可喜成就，三地的交通联动丰富了交通线路网络。京张高铁、京涿高速等一系列铁路公路相继建成贯通，首都半小时生活圈、环首都 1 小时交通圈等初步形成，便捷的交通为三地共享体育资源提供了便利条件。以京张滑雪带为例，每天往返于北京和张家口之间的火车为 50 个车次，最快时间 2 小时 58 分钟，为京张两地的冰雪爱好者及旅游者提供了便利的基础设施条件。

（四）京津冀地区体育文化相似

北京、天津的大型体育赛事经验丰富，曾举办过奥运会、亚运会、全运会等大型赛事，且形成了一系列群众品牌赛事，吸引了三地人民群众的广泛参与。以 2018 年为例，北京市开展了包括国际钓鱼比赛、国际徒步大会等在内的十大群众体育国际品牌赛事；天津借 2017 年全运会的机遇大力发展群众体育活动，创办了天津公园健身大会等优秀赛事品牌，以公园为比赛场地，将柔力球、空竹、轮滑等公园健身活动设为比赛项目，推动群众参与体育；河北省的特色健身品牌赛事种类繁多，按照"一地一品"的方式培育精品赛事活动，如中国崇礼国际滑雪节、中国沧州国际武术节、北戴河铁人三项大赛、崇礼超级天路挑战赛、衡水湖国际马拉松赛等。

从京津冀三地 2018 年举办的群众体育品牌赛事可以看出，京津冀地缘相接，资源相互辐射与渗透，三地具有相似的体育文化，在武术、公园健身、冰雪、户外休闲等项目领域均有良好的发展态势。京津冀地区相似的体育文化和体育消费习惯使区域公共体育服务供给更加畅通。

二、京津冀区域公共体育服务供给的实践尝试

三地在体育上的合作由来已久，2008 年北京奥运会的足球预选赛分别在天津奥林匹克体育场、秦皇岛奥林匹克体育场举办，这是三地在体育领域的早期

合作。伴随着《纲要》的颁布,三地在区域公共体育服务上进行了一系列实践,目前三地在区域公共体育服务的供给成果主要存在以下几个方面:第一,共同制定区域体育政策文件,签署体育协作协议,促进区域合作;第二,共同举办区域体育赛(节)事活动,满足人民群众多样化体育需求;第三,搭建区域体育信息资源平台,发挥三地优势,做好供给侧结构性改革。

(一)共同制定区域体育政策文件

政策文件是区域公共体育服务供给的制度基础,也是最重要的合作成果。自京津冀协同发展战略提出以来,三省市政府大力推进体育方面的磋商合作,共同出台了一系列体育政策协议,对体育领域的深入合作进行了具体规划,促进了区域合作。

在总体规划层面,2014年7月,三地召开京津冀体育协同发展座谈会,共同签署《京津冀体育协同发展议定书》,对京津冀地区体育发展方向做出了全面布局,是三地首次在体育领域的磋商合作,时间节点在《纲要》发布之前。2016年12月,三省市联合发布了《深入推进京津冀体育协同发展议定书》,提出三地将在全民健身、竞技体育、体育产业等领域密切沟通联系,提升京津冀地区体育综合竞争力,《议定书》也首次对京津冀体育旅游休闲带进行了明确规划。《京津冀旅游合作开发行动计划(2016—2018)》指出,三地将共同建设旅游资源交易平台,对推动体育旅游建设有重要意义。2017年7月,国家体育总局、发改委、国家旅游局联合印发的《京津冀健身休闲体育协同发展规划(2016—2025)》进一步明确了构建三地体育健身休闲领域的基本空间布局,推动京津冀三地健身休闲运动的协同发展。体育在京津冀发展的综合性规划中也频频出现,2017年3月发布的《京津冀协同创新社区建设行动计划(2016—2018)》中详细部署了三地的合作,其中人才圈工程、大数据共享平台、体育旅游、健康产业等内容为京津冀公共体育服务体系建设指出了更加清晰的方向,为强化三地协同发展提供了支撑。河北省和北京市签署的《全面深化京冀对口帮扶合作框架协议》,提出培养户外、登山、滑雪等特色品牌,促进对口帮扶。

（二）三地联合开发区域体育活动

政策协议为区域公共体育服务的内容指明了方向，京津冀地区通过联合举办区域体育赛事、联合打造区域体育赛事活动等手段扩大区域公共体育服务的供给内容。近年来群众体育赛事的"井喷式"增长反映了三地区域性体育活动从无到有、迅速发展的过程。

京津冀区域体育活动的区域性特征不仅体现在主办方的多元化，还体现在举办地的多样性。主办方的多元化体现在由京津冀三地体育部门及社会组织等共同参与；举办地多样性是指一个区域体育赛（节）事品牌由京津冀地区的不同城市轮流举办，从而增加体育赛事在京津冀地区的影响力，有效扩大覆盖面。2018年京津冀户外运动挑战赛由京津冀三地体育局联合发起并主办，五个分站赛分别由秦皇岛、张家口、保定、衡水等地轮流举办，每一站赛事都充分利用了当地最优质、最特别的户外运动环境，涵盖了跑步、漂流、自行车、轮滑、滑雪等多个户外体育项目类别，覆盖参与总人数5000余名，扩大了京津冀体育赛事的影响力。对于区域体育赛事而言，京津冀三省联合的举办方式不是简单的加法，而是对区域体育资源的有机整合，最终实现的是"1+1＞2"的叠加效应。

京津冀区域体育品牌活动将体育赛事和旅游有机融合到了一起，对于体育产业、旅游经济的拉动作用更为明显，也更加贴近群众，活动举办过程中实现了京津冀体育文化旅游资源的联动、推介和发展。以京津冀运动休闲体验季为例，每站都会结合举办地的鲜明特色资源，实现"运动+休闲"的效果，参与者在参加体育项目进行趣味比赛的同时，还能近距离感受当地的特色产品和文化，在此过程中城市的体育产业、旅游经济得到了提升，进一步宣传了城市形象，体现了体育拉动经济的杠杆作用[①]。

---

① 来自专家访谈结果。

（三）三地共同搭建信息资源平台

体育的信息资源共享是区域公共体育服务的先导因素。京津冀地区通过举办国际体育产业论坛来加强体育的民间交流，通过成立体育资源共享平台促进体育资源的交易，为体育企业的招投标带来便利。目前京津冀三地的体育交流活动有三种形式：第一种是线下体育交流活动，如京津冀体育产业发展高峰论坛、京津冀国际体育产业大会；第二种是线上资源共享平台，如京津冀体育产业资源共享平台；还有一种线下实体平台，包括智库等体育社会组织，目前成立的有京津冀体育健身休闲发展创新中心、北京体育产业智库、河北省咏怀全民健身与全民健康发展研究院等。

京津冀的区域体育信息交流平台都是由三地体育部门、体育社会组织和企业共同发起或参与的。线下体育交流活动为京津冀学者和政府搭建了交流平台，一定程度上推动了具体项目的合作。如京津冀体育产业资源交易平台就是在 2017 年的京津冀体育产业发展高峰论坛上进行交流并宣布筹建的。京津冀国际体育产业大会上，三地专家学者就如何推动京津冀的体育产业更好地融合展开了深入讨论，体育企业借此平台推介兼具社会效益与经济效益的体育产业项目。线上资源平台直接打破了三地间的"信息孤岛"，促进体育资源共享及要素流动。但目前京津冀三地仅有京津冀体育资源交易平台这一与产业交易相关的平台成功建立，健身场馆联盟、全民健身公共服务平台等的建设仍迟迟未落地。京津冀地区成立的体育智库，作为线下的实体平台，不仅可以聚集体育领域高端人才发挥建言献策的作用，还可以拉动更多不同的利益相关方参与到区域公共体育服务的供给过程中来[①]，有利于拉动供给侧结构性改革。

---

① 来自专家访谈资料。

第七章
京津冀城市公共体育服务协同供给体系的建设

第一节 京津冀城市公共体育坚持协同原则

一、协同供给符合京津冀区域公共体育服务的特性

在京津冀范围内关于公共性体育服务所需要的物品和设备进行交流性供给是目前体育行业前进的必然要求，这也是因为京津冀地区体育管理和服务的现状所导致的。只有将三地区现有的体育资源进行整合，才能大幅度提高体育服务供给的效率。只有坚持协同供给的重要原则，才能使京津冀区域的体育事业朝纵深发展。

在涉及区域内部进行体育资源方面的协同供给还需要根据地区现有资源状况的不同进行调整。公共区域内部的可使用物品应是没有针对主体，并且有较大适用性的，因此只依靠本区域内的政府体育管理部门来提供并不完全符合要求。只有将较高一级管理主体和基础层次管理主体之间的管理范围进行合理划分，才可以使公共范围内的体育服务更符合群众需求。中央政府负责提供全国性的公共体育服务，如体育发展"十三五"规划的制定、全国的基本公共体育服务标准的划定，中央政府主要发挥"兜底线"的职责。由于地方政府更加了解当地居民的体育需求，同时对于当地的体育自然资源禀赋、人才资源等优势

特色更为清晰,因此地方政府更适合提供地方性的公共体育服务。区域公共体育服务存在复杂性,如体育产业营商环境的构建、区域体育政策的制定、区域体育赛事的审批权限等,这些问题本身带有的"外溢化"和"无界化"特征决定了其必须依靠京津冀三地政府的联合行动才能解决,单一的政府主体难以解决跨越京津冀三地的体育公共问题。因此,由于京津冀区域公共服务本身的特性,单一政府能力有限,为更好地解决区域体育问题,提高区域公共体育服务的效率,必须要通过京津冀三地政府协同的形式供给京津冀区域公共体育服务。

二、协同供给有利于京津冀三地利益最大化

协同供给是京津冀三地实现利益最大化的必然选择。京津冀三地在体育资源上具有强大的互补优势,资源的相对互补是协同供给的基础条件,但是在传统的属地治理模式下,条块分割的管理制度使得地方政府在提供公共服务时会以自身的利益最大化为前提,各个地方政府会优先保证自己内部的利益得到满足,即以选择采取地方保护主义的方式供给公共体育服务,最终导致博弈论中的"囚徒困境":每个理性的经济人为了实现自身的利益最大化,担心对方的背叛而带来自身利益的损失,会优先选择不协作的方式,最终会导致两败俱伤的后果。以京津冀的体育旅游资源为例,如果三地的地方政府都选择将体育旅游的消费群体留在辖区内,避免自身体育旅游资源的外流,同时吸引其他地区的客流,以获取更高的经济效益,最终会形成围绕自身利益的逻辑推理:如果其他地区不保护,我们的地方保护主义就会增加收益;如果其他地区选择保护,而我们不保护甚至"慷慨"分享体育旅游资源,就会使自身利益受损。因此,在"经济人"假设下,地方政府都会选择通过避免自身资源的外流而维护经济利益,长此以往会出现京津冀三地体育旅游项目重复建设、产业结构雷同等情况,极大浪费区域资源,不利于区域整体利益的发展。因此单一地方政府基于自身理性利益的选择往往不是最优策略,甚至会给整体带来较大的损失。但是"囚徒困境"是在单次博弈的前提下而言的,在重复的博弈中会产生不同的结果。在重复的博弈中各个地方政府会发现,不协作会损害到各方的利益,而进行协作可以将整体的损失降到最低,是实现共赢的最佳方式。所以为了区域利

益的最大化，协同供给是各地政府间在重复博弈下为了破解地方保护主义，实现利益最大化的必然选择。

因此，协同供给强调的是区域利益的最大化，而不是某一单一地方的利益最大化。正是因为区域协同供给利益共享、风险共担，所以，协同不是被动的，而是自主的，不是彼此竞争的"零和博弈"，而是互利共赢、共同发展的。区域公共体育服务的协同供给是区域内政府间的主动行为，是满足各自的经济利益诉求的必然选择。加强京津冀区域公共体育服务的供给必须坚持协同供给的重要原则。

三、协同供给是推进京津冀区域体育协同纵深发展的要求

京津冀三地经济发展的差距导致了地方政府单独提供公共体育服务的能力还存在不足。不同城市提供公共体育服务的能力差异较大，当地的体育政策也不一致，公共体育服务的侧重点也不一样，这些都是形成区域内部公共服务能力差距的壁垒。但京津冀区域公共体育服务供给的根本目的是通过体育政策打造良好的市场环境，通过打破壁垒使人才、资金、技术等要素实现自由流动，深入推进三地的体育事业发展，这就要求京津冀地区不同的地方政府之间要构建起互信共赢的合作机制，实现区域公共体育服务的协同供给。

随着人民群众对政府所提供的公共物品与公共服务需求的不断增强，在京津冀区域一体化的过程中，多种要素的流动也可以促进京津冀区域内地方政府间的协同合作，提升政府治理能力。以京津冀区域的雾霾治理为例，自2013年以来，京津冀地区严重的雾霾天气引起政府高度重视环境问题。由于雾霾的流动性及无界性，单一政府难以实现广泛区域内的雾霾治理，而京津冀地区的雾霾管理在政策和组织层面取得了新的突破。同理，区域性公共体育服务的协同供给也有利于实现区域治理在政策和组织层面上的突破，提高区域公共体育服务水平。二者是相辅相成、相互促进的关系，最终缩小区域间体育的发展差距，形成良性循环。

奥尔森在《集体行动的逻辑》一书中指出，组织中的个体都是理性人，加入组织都是为了获得集团物品。"除非一个群体中人数相当少，或者除非存在强

制力量及其他手段促使人们为共同利益而行动，否则理性经济人不会为实现群体的共同利益而采取行动。"即个体的理性导致集体的非理性[①]。集体行动的困境也体现在地方政府合作中。如果地方政府都是理性经济人，那么他们不会主动选择合作，他们的第一目标是实现地方利益的最大化。在理性经济人假设下，由于区域公共体育服务存在外部性，地方政府普遍存在"搭便车"心理，都希望在不付出成本的情况下享受公共物品，导致各个地方政府都失去供给公共服务的积极性，互相推诿，最终导致京津冀三地政府都不愿意提供区域公共体育服务。因此，为达成稳定的合作关系，减少搭便车行为，就要在现有机制基础上，进一步探索完善并构建出健全的合作机制。奥斯特罗姆认为，要解决人们共同使用和管理公共资源需要三个层面的内容——制度的供应、有效承诺和互相监督的问题[②]。

京津冀区域公共体育服务的供给过程中所面临的诸多困境要求发展和完善合作机制，这种合作机制旨在制定相关规则，并在规则的制约下进行资源的优化配置。潘小娟在《地方政府合作研究》一书中提出了一种合作过程的分析框架。她认为，政府的合作行动是由合作组织、规则和机制彼此互动构成的复杂而渐进的过程[③]。其中，合作组织是参与协同供给的地方政府的载体；合作规则可以清晰地界定政府主体合作中成本和收益的边界，在合作过程中居于核心地位；机制是合作实施的制度保障，也是组织运作与合作规则生效的过程，包括谈判—执行—裁决、监督和奖惩三个彼此不同又相互配合的层次。

---

① 曼瑟尔·奥尔森. 集体行动的逻辑［M］. 上海：上海三联书店，1995.
② 奥斯特罗姆，埃莉诺. 公共事物的治理之道：集体行动制度的演进［M］. 上海：上海三联书店，2000.
③ 潘小娟等. 地方政府合作研究［M］. 北京：人民出版社，2016：144.

第二节 京津冀城市公共体育规范组织建设

一、建立健全府际联席会议制度

根据交易成本理论的分析，目前京津冀三地政府在供给区域公共体育服务时缺乏制度化的协商机制，造成了利益壁垒、信息孤岛等问题，一定程度上增加了协作供给成本。为降低区域公共体育服务的供给成本，京津冀三地政府要完善协商机制，建立健全府际联席会议制度，定期开展制度化的府际联席会议。一方面的作用在于促进三地协商，合理地定位各地方政府的职能，确定各主体的权责界限与供给内容的范围界限，通过制定规则减少利益冲突，降低合作成本，增加三地政府协同供给的意愿；另一方面的作用是促进规则执行，对京津冀区域内部已形成的规划进行具体事务层面的对接，化解协同供给中的矛盾。成熟的、制度化的机制与组织有利于府际之间的长期互动，而长期的互动与合作可以使三地政府打破制度壁垒，促进区域内部资源的信息共享和优化配置，做出区域利益最大化的选择。

二、完善非政府主体参与供给的机制

京津冀区域公共体育服务供给的过程不仅仅需要政府主体的参与，非政府主体也扮演着重要角色。非政府主体包括体育企业和体育社会组织、公民等。虽然该合作过程框架是围绕政府合作而言的，但非政府主体作为重要的"利益相关者"，也可以积极地表达利益诉求参与到供给过程中。政府主体和非政府主体在协同供给中发挥着不同的作用，政府主体在供给的政策支持、资金投入、监督管理中发挥积极作用。市场主体在供给成本测算、生产合作、示范引领等方面具有先天优势，党的十八届三中全会指出使市场在资源配置中起决定性作

用，在京津冀区域公共体育服务供给过程中，政府进一步放权给市场，能够提升市场供给效率，充分发挥市场在生产合作、资源配置等领域的积极作用，还能解决政府职能"错位""越位"和"缺位"问题，完成政府职能转变，打造服务型政府。体育协会、公民等由于深入体育实践的一线，更加了解政策执行过程中的难点和痛点。

因此要在京津冀地区建立和完善跨区域的企业、社会组织及民间协会参与协商和供给区域公共体育服务的机制。鼓励非政府主体通过民间论坛的形式参与沟通协商，解决冲突与对话障碍；加强三地体育总会之间的交流与联系，鼓励跨区域的体育协会成立联盟或签署协议规范，增进行业自律，加强行业内部成员之间的资源沟通，有效衔接体育行业的项目对接、合作交流等；处理好政府与市场的关系，通过放管服改革，改善营商环境，充分发挥市场在资源配置中的决定性作用，促进体育资源在京津冀三地更好流动，充分利用优质体育企业在理念、技术等方面的先进优势，加强政府购买的力度，充分激发市场在区域公共体育服务供给中的活力。总之，充分发挥非政府主体在区域公共体育服务供给中的作用，让体育企业、体育社会组织与公民等非政府主体为京津冀区域公共体育服务注入更多生机与活力。

第三节 京津冀城市公共体育完善供给机制

一、建立科学的监督评估机制

合作机制是合作实施的制度保障，合作机制贯穿合作运行的始终，包括谈判、执行以及裁决、监督和奖惩三类。谈判及执行的过程与协商组织及规则确立的过程息息相关，前文已有说明，此部分重点在于裁决、监督和奖惩过程中的制度建设。裁决是为了处理合作纠纷，监督是确保执行机制的规范运作，奖惩机制是为合作提供正负激励，确保合作的有效性。在京津冀地区供给区域公共体育服务时，裁决机制已有效融入政府联席会议中，而为实现有效监督和奖惩，应完善政府监督考核机制。

在区域公共体育服务的供给中，科学的监督评估体系可以及时调整偏差，化解利益纠纷，激发区域内部各行政单位的合作动力。缺乏监督评估机制会导致地方政府在执行过程中的机会主义倾向。对京津冀三地政府监督考核的主体是中央政府。一方面中央政府要将合作指标纳入考核评价体系，另一方面转变以GDP为主的绩效评估方式，让地方政府加强在短期回报较低的领域如区域体育人才流动、区域标准的出台等领域的合作。

第一，将京津冀地方政府的合作指标引入地方官员考核评价体系，制定相应的考核评价标准。对积极参与到区域公共体育服务供给过程、推动合作进程的政府官员予以必要奖励，充分发挥考核评价的规范和导向作用，强化激励引导，使地方政府的态度由消极变为积极，由被动转为主动，提升区域公共体育服务政府主体的积极性。

第二，中央政府要针对京津冀三地不同的资源禀赋条件及功能定位，实施分类化考核体制，在绩效指标制定上体现差异性，不以GDP的高低为唯一考核指标。合理分配指标建设、调整指标权重，不仅要关注体育协作的项目数量及完成度，还要关注完成的质量及效果。保持制度上的严谨才能保证评估的公平性。

第三，建立多元主体监督机制。监督不仅仅是自上而下的绩效考核，也包括企业、体育社会组织、公民等非政府主体自下而上的监督。鼓励多元主体参与到对三地政府的监督中来，促使区域公共体育服务在供给过程中时刻以区域内民众的利益为导向，时刻关注对区域公共体育服务的需求，推动合作的进展。在绩效考评及监督评估的过程中，要做好信息化建设，做到信息的公开透明，保证考核与监督过程中的公平性。

二、完善政策建设，加强规划衔接

首先，提高区域之间就相关问题解决的协作性，将各区域之间已有的资源数据进行调整。京津冀三地应在制定区域内部整体前进方向和具体路径时参考其他区域的规划方案，根据自身经济方向的不同定位调整区域内体育服务的具体政策，最大限度内满足本区域群众对体育运动有效性的实际需求。在具体的规划制定中，从整体的角度进行挖掘，在全面深入调研的基础上，梳理京津冀三地体育资源的特色和各自的比较优势，对区域内的体育资源进行全盘布局。围绕京津冀地区的运动休闲、体育产业、冰雪运动等领域形成脉络清晰的发展路线，科学编制并推出京津冀区域体育协同发展的相关规划，如三年行动计划、五年发展规划、健身休闲规划等文件，加强三地规划的衔接，全面优化三地体育资源的布局，充分发挥比较优势。

除了总体规划，各地方的体育总体规划也要着手完善。随着时间的推移，《全民健身规划（2016—2020）》即将完成历史使命，国家开始制定新周期的《全民健身计划》，京津冀三省市以及各地市（区）也要开始着手本地区《全民健身实施规划》的制定。在制定规划时，要求各地将区域公共体育服务的供给具体实施路径编入各地方的《全民健身实施规划》中，真正做到规划深入地方，下沉到各区县，提升区域公共体育服务的可执行性。此外，在条件成熟时鼓励三省市探索合作编制适合京津冀地区的全民健身实施规划，在规划文件层面使京津冀区域公共体育服务体系更加完善。

其次，积极探索开展区域公共体育服务标准体系的协作联动，促进区域内公共体育服务资源、人员及服务质量的有效衔接。对于跨区域的公共体育产品，其产权交易、定价策略等都应制定相应的区域标准。区域标准不是为了迎合落后地区降低标准，也不是为了提升区域的平均水平而盲目进行数据提升，更不是在区域内部搞平均主义，而是从一体化的大格局入手，着眼于区域的标准联动，进行区域公共产品的动态调整。

第三，破除政策壁垒，加强体育政策法规衔接。京津冀体育协作发展要实现从过去的临时性项目式协同向长期的稳定式协同转变，就要推进京津冀区域公共体育服务政策与法规层面的对接，如赛事审批权限、税收优惠政策等。首先，三地要组建专项小组，清理和废除妨碍地区市场发展和公平竞争的规章制度，反对地方保护、垄断及不正当竞争，消除各种显性和隐性的制度壁垒，促进要素、产品和服务在地区间的自由流动。针对已达成协作意向的项目，缺乏相关法律法规或法规不统一的，通过区域政府联席会议协商，就关键问题达成一致，推动项目的执行，清除合作障碍。对于多次出现的某一政策冲突，要加快对体育协同发展中各类合作事项的规范性文件及规章的管理和完善，减少"一事一议"成本，为协同供给打造良好的政策环境。

第四节 京津冀城市公共体育丰富供给内容

完善体制机制是为了提高区域公共体育服务总体的供给效率，在供给内容层面加强资源整合能够为区域公共体育服务的供给起到事半功倍的效果。在区域公共体育服务供给内容层面，京津冀地区要加强资源整合，丰富区域公共体育服务内容，满足群众多元化需要。

丰富京津冀区域公共体育服务的内容要加强资源整合以满足群众多元化需要，资源整合包括体育信息资源的整合、体育品牌资源的整合。在信息资源整合层面，京津冀三地成立统一的京津冀公共体育服务信息共享中心，信息数据由各地方体育局收集提供，为京津冀地区的公共体育服务共享信息资源搭建平台，促进信息的互联互通。信息共享中心搭载的资源包括但不限于体育产业资源交易、健身休闲数据调查、健身场馆互联等，体育企业及居民可以在此信息交流平台上交流获取区域内体育服务的相关信息，减少搜索成本，更高效地利用体育信息，企业与企业之间也可以通过发布招商公告、产业对接加强合作，减少信息不对称性。以京津冀三地体育场馆设施共建共享为例，以现有场馆为依托，兼顾北京、张家口冬奥会场馆建设及未来使用，盘活体育场馆资源，结合京津冀地区风景名胜区及旅游景区，规划建设冰雪运动、山地户外运动等健身休闲运动场地设施。在体育场馆的经营中，推动建立体育场馆联盟、体育健身"一卡通"机制，让三地共享智慧体育场馆网络。

在建设区域体育品牌过程中，体育领域不能"单打独斗"，要打破原有的惯性思维，加强体育与文化、旅游、健康、养老等产业的深度融合，丰富服务内容，使体育资源价值最大化，建设国际体育休闲目的地。以体育与旅游的深度融合为例，三地充分挖掘自身优势，根据目前京津冀居民的运动习惯及消费水平，打造广受消费者欢迎的体育产品，串联各地人文资源，将汽车露营等多种旅游体验方式贯穿其中，增强创新能力，共同编排体育旅游路线，如京张滑雪旅游线路、草原健身休闲旅游线路等。此外，依托本地自然人文条件，打造具有多种功能的运动休闲特色小镇，打造运动休闲体验聚集地，构建京津冀运动休闲带，总而言之，通过多种手段丰富内容供给，完善供给侧结构性改革。

第八章
京津冀公共体育服务评价指标体系的构建

第一节 京津冀区域公共体育服务评价指标体系的构建

一、公共体育服务评价指标体系设计的基本原则

(一) 科学性原则

首先科学性原则有3个基本含义:①指标和一致性的统一。要求我们在构建指标之前严格分析评价的目标和实际结果之间的必然联系,从而实现对目标的准确性反应。②统一体系的内在指标的兼容性。各个指标之间应实现相互补充和相互协调,以此来实现对目标要求的各个角度的展示,杜绝在表述时出现前后冲突的情况,否则容易让人产生怀疑,并且变得无所适从,继而造成思想混乱的状况。③指标的独立性。各项指标之间不宜出现重复的现象,因为重复本身会影响某一项因素的突出,影响评价的结果。

(二) 完备性原则

这一原则指的是体系本身内容提出的基础要求,因为体育类公共服务本身

应做到贯穿各个区域与各个层次之间，以此来实现对整个过程的整体性评价。

（三）合理性原则

此项原则是指指标的建立应符合实际情况，并且对于被评价的对象应始终保持公平一致的原则。

（四）系统性原则

系统性原则是要求各级政府和体育行政部门要将公共体育服务当成履行政府职能的一项整体工作来抓。在制定评价指标时也要将公共体育服务当成一个完整的系统来进行。公共体育服务指标的系统性应包含以下几个方面的内容：一是要把公共体育服务纳入政府整体的绩效评估体系中。二是按照公共体育服务均等化的目标制定总体的评价指标体系。三是完善实现公共体育服务均等化的标准体系。总之，公共体育事业发展的最终目标是实现公共体育服务的均等化，要以均等化为基本标准制定各项评价标准体系，确保各级政府部门按照均等化要求履行公共服务职能。

（五）重点突出原则

指标设计的主要作用是给主体行为起到导向作用，指标选取上是否重点突出会影响导向效应的强弱。当前，我国区域间与城乡间的公共体育服务有着明显的差异，东部地区与西部地区、发达地区与落后地区、城市与乡村在享受体育文化、体育服务的次数、质量和成果上都是有非常明显差距的。有研究表明，在不同地域的社会体育教练、体育公共场所和设备等在规模与质量上都有非常大的不同，在无形中剥夺了不发达地区参加体育活动，甚至以体育作为个人进步手段的机会，这些都是发展过程中的必经之路，在实现公共体育服务均等化的过程中，要分时期、分批次地逐步递进。因此，评价指标制定的过程中要坚持重点突出的原则。

(六)可操作性与科学性紧密结合

在指标制定和计算的过程中,既要考虑计算方法的科学性,还要注重所定指标与数据的可得性、可操作性及权威性。所涉及的数学算法都必须遵循科学和简单的原则,不但要保证准确和客观,而且要科学。在指标的性质上,既需要非常强的约束力,还需要非常强的执行力,这样才能有效地实现目标。而且在选取指标时,尽可能地选择平均指标与相对指标,确保指标具备可比性。在数据来源方面,更侧重使用国家相对权威的统计指标和具体数据。此外,在制定指标时还要坚持动态的原则,也就是说评价指标在制定之后也是会发生改变的,需要根据评价对象属性的变化而做出一些变化。一方面,要及时更换掉不适用的指标;另一方面,要与国家经济社会发展步调一致而调整新的评价指标,这样才能满足评价对象一致变化的需求。

(七)以公众为导向原则

公共体育事业的发展,最终是要服务公众,满足公众的体育需求,提升人民群众的健康水平。因此,在评价指标体系的设计和制定中,要始终坚持以公众为导向的原则,要以人民群众的满意度作为公共体育事业成功与否的标准。同时在评价指标体系制定的过程中,要让公众能够积极参与,按照公众的需求及时做出调整。在评价指标体系进入实施阶段之后,也要让公众能够成为监督者,依据各项评价指标判断公共体育服务工作的有效性。

二、体育类公共服务指标体系的选取

首先,一个系统的指标体系应包含对各种因素具体的评价标准,以及各项要素在整体评价方式中所占据的权重,是对评价对象更加具体化的表现。为此,指标的系统化程度将直接影响到评价对象所作评价的客观性和评价质量。因此,评价指标的构建过于简单或者过于复杂都不利于整体的评价。如过于简单会导致指标体系无法有效地展示评价对象的特征,继而无法有效地反映出评价对象的本质;而过于复杂也不利于更好地去反映事物的整体价值,甚至因为过多的工作而导致工作量加重，数据本身的无效性还会导致结果毫无意义，不能让人信服。

三、区域公共体育服务评价指标体系中指标权重的确立

（一）权重定义与作用

权重本身指的是按照组成事物整体的各项要素，在整体内部所占的比重。人们可根据各项要素的占比情况来判定该项目的重要程度。

其作用主要表现在三方面：其一是通过这种占比的不平衡性来反映各个因素对事物整体的价值。其二，通过表述客观事物各项要素的相对重要性来显示其指向性功能。其三，权重的集合不单单表现了评价指标的重要性，还确定了各个要素之间的相互关系，从而提升数据的说服力。

（二）权重的确定方法

科学、合理的权重技术可以根据使用方法的不同，大概分为两种：经验判断法和数学加权法。

1.经验判断法

经验判断法，一般是由具有一定经验的专家以及学者进行判断，将他们长时间的工作经验以及学生相对丰富的经验作为权重确认的基础。实质是主观判断数量化，客观因素相对比较少，所以会在一定程度上影响其准确性以及合理性。经验判断法这种方法的实施相对比较简单容易，但因其特点要小心使用。

2.数学加权法

这类方法属于是采用严谨的数学算法及其公式，并运用科学的方式来进行计算。可以运用多种方式来对数学加权的权重进行集合确认。数学加权的方式，无论是运用哪一种算法，都是按照一定的等级标准来进行体系排列。采用从高到低的方式对数字进行加权计算，如果想要运用这种方式来对数据进行预测，首先，需要先将一级指标进行确认，然后才可以进行二级指标的确认。一级指标是整个加权计算中最为基础，也是最重要的一部分，对于整个算式的形成占

据最重要的地位，因此一定要注重对于一级指标的计算。

（1）德尔菲法。德尔菲法也称专家调查法，最早是古希腊Delphi地区的预言家在对未来进行预测的时候所使用的方法。20世纪50年代由美国兰德公司开始实行。主要是按照规定的程序，通过征询专家对未来的意见以及判断，从而进行预测的方法。现代教育评价中的德尔菲法则是在完善教育评价体系时，为得到对一些指标重要程度的认知而进行的专家调查法。德尔菲法在实施过程中，采用匿名或者背靠背的方式，需要避免专家之间的见面，从而影响一部分意见的真实度。然后给专家分发问题表，收集、整理、归纳、统计这些指标重要程度的专家意见以及判断，从而在这些问题上得到全部专家的意见以及判断。

专家调查法的步骤流程：

设计意见调查表，根据所要进行预测的问题设计好相应的意见调查表。根据问题内容确定专家人数并选择专家进行意见调查。

收集、整理、归纳、统计、反馈专家的意见和判断。在求出所需要评价指标的权重值平均数的同时，求出每位专家给出的权重值及权重平均数值的偏差，然后对专家进行反馈。随后，开始第二轮意见调查，从而确认每位专家对该权重值平均数的认同与否。

经过对专家意见的整理、归纳、统计再次对专家进行意见调查，以便进行第二次的意见修改。一般情况下，收集、整理、归纳、统计需要进行三四轮的意见调查，在进行意见调查和反馈时，只给出各个专家的意见及判断，对于各个专家是完全匿名的。然后将这一过程进行重复，直至专家不再更改自己的意见后，得到相对比较权威以及可靠的权重数值。

（2）矩阵对偶法。矩阵对偶法是建设教育评价体系中进行加权的常用方法，具有相对比较强的效率以及可信度。对评价体系中的各项指标通过矩阵对偶法进行两两比较，在一部分可以比较的各项评价指标中，找出其优先排列顺序，然后对各项评价指标权重值进行确认。通常来说，对于各项评价指标的判定可分为明显重要、稍微重要和同样重要三种。其判断值以整数的形式方便操作。

（3）关键特征调查法。这类调查方法是按照已有数据中的各项指标及其数据，经过严谨的筛选，最后找到最为关键性的指标。并且对于这一指标的特征、形式进行深入的了解，通过研究这类关键指标所表现出来的数据，进行计算与统计，并按照由高到低的方式进行排序。可运用多种方式来对已选取的关键指标进行评价，最后从个体中看到整体的特征，并对已筛选出来的关键指标各项详细数据进行整理和记录。

四、区域公共体育服务评价指标体系

（一）区域公共体育服务评价标准的确立

标准是判定事物高低对错的准则。对衡量事物水平高低准则进行解释，主要有两种：一种是通过对标准物运用最为常用的尺子进行测量；另一种是结合临界点的规定，对事物进行评判。在这里又可以将评判标准解释为：用以客观评价客体的价值尺度，其中进行评价的客观因素是确保最终评价科学的主要依据，也是进行最终评价的核心内容，还是人们价值认识的实质反映。区域公共体育服务评价指标体系及各项评价指标的确立，明确了客体的各个元素以及具体属性；权重的建立明确了在评价指标体系中各级指标所占的贡献量多少。但是，区域公共体育服务评价标准的根本任务是在对客体进行评价描述以及对量进行记录的基础上做出符合其价值的判断。也就是按照标准来评判其价值的高低大小。同时，对其价值评判的衡量尺度就是评价标准。所以，区域公共体育服务评价标准的确立是保证评价指标体系完善建立的重要基础。其评价标准确立水平的高低直接影响着其评价工作的科学性、有效性及合理性。其评价标准主要由以下三方面组成。

（1）评价标准的强度及频率。其评价标准的强度及频率作为评价标准规范中的重要组成部分，主要表现在评价标准规范行为所表现出的相对程度及相对次数。

（2）评价标准的标号。主要是用来对其评价标准的不同强度及不同频率进行标注。一般使用数字（如①、②、③、④、⑤等）、汉字（如一、二、三、四、五等）及英文字母（如A、B、C、D、E等）进行标注。评价标准中的标号没有具体的实际意义，只有在被赋予某种特定内容时，才会拥有实际意义。

（3）评价标准的标度。主要是用来对其评价标准的不同强度和不同频率进行测量。标度没有实际的概念，可以是相对比较常用的测量单位（如顺序、等距、种类等）；可以是某种数量化的单位；也可以是某种模糊集合尺度。

评价标准体系的确立可以有效地将各种评价标准之间的内容、标度等紧密联系起来。各种评价的方式都有着自身独有的特征，但又存在着关联性，应当对其进行有效结合，使不同指标之间相互作用，最后得到想要的评价标准。应当对不同指标的特征进行深入的分析与了解，找到其中的互补项，运用多种方法相结合的方式，来得到最终完整的结果。

标准作为判定事物高低对错的准则，其构建的表现方法有很多，但一般情况下是由行为标准和等级划分等基础组成。

一件事物是否具备较高的价值，应当以主观与客观相结合的方式来进行评价。在评判过程中加入过多主观意识就会对自己的判断产生干扰，应当对所判断事物的客体特征进行仔细的研究，并从特征中找到优点与缺点，相互结合进行对比，从而得到一件事物的价值评价。对于事物的评价不应当是固定化的，应当按照事物不同时期的发展特征给予不同的评价标准，这样得到的最后结果才更具有精准性。

此次的研究方式主要采用量化标准，为评价构建体系的主要测量方法。通过对客体数量的整合及计算，并且按照从高到低的顺序将其进行隶属划分。对于每一级别的指标都给予较为精准的适用范围，运用区间的方式来对评价标准进行精准的等级分类，这样可以提高对于事物价值判断的客观理性。对于等级的设定划分，并没有实际的规定，可以按照实际需要来设定划分。在对事物价值标准进行划分的过程中，应当按照从高到低的等级顺序对其进行精密的划分，划分的种类越多，所得到的最后结果就会更接近于实际结果。并且运用大量的计算公式及其数据分析，可以使最后得到的结果更加精准，如果为了节省时间与成本对等级进行比较少的划分，就会使最后得到的结果与真实结果相差较大，因此在对价值评价等级进行划分的过程中，应当运用科学合理的方式，并且结合实际情况来进行有效划分。本研究对等级进行了五种等级的设定划分，并设定了各个等级中的隶属度。结果见表8-1。

表 8-1　评价标准等级表

等级	优	良	中	及格	差
赋值	90	80	70	60	50

本研究对等级进行了五种级别的设定划分，第一种为优（100～95），其评级标准为绝大多数或者全部符合；第二种为良（94～85），其评价标准为大多数符合；第三种为中（84～75），其评价标准为多数符合；第四种为及格（74～65），其评价标准为一半以上符合；第五种为差（64～55），其评价标准为大多数不符合。

（二）区域公共体育服务评价指标体系

本研究首先需要对相关资料进行查阅、阅读、总结和分析，挑选出所需要的相关评价指标加以借鉴。通过组织相关专家学者对区域公共体育服务需要考虑和具备的各项指标进行讨论。最后，结合该区域公共体育服务的实际情况及特点，设计出符合实际情况的调查问卷，通过给相关专家发放调查问卷的形式，对相关专家的评价及意见进行收集、整理、归纳和统计，构建本研究评价指标体系的初步结构，并根据该结构设计第二次调查问卷，然后采用德尔菲法对相关专家进行问卷调查，并收集、整理、归纳和统计相关专家的评价及意见，再一次对各项指标进行精选。确立区域公共体育服务评价指标体系的评价指标项。同时，要采用加权统计法，对区域公共体育服务指标体系中一、二、三级评价指标的权重进行统计；运用数量式标准中的隶属度划分法，对评价等级进行五种等级划分，最终建立完善的区域公共体育服务评价指标体系。

第二节　京津冀城乡公共体育服务评价指标体系的构建

一、城乡公共体育服务评价指标体系中指标项的选取

本节课题会运用到多种数据分析的方法，来对各个影响因素进行价值评价，将所有有关城乡公共体育服务的指标进行罗列。通过数据分析的方式来对各个指标所蕴含的内容进行深入的研究与探讨，最后通过对数据的整合与归纳，从而得到标准的评价指标，在对评价指标进行确认的过程中会将其影响要素去除。并且将对城乡公共体育服务评价指标相关联的数据及其资料进行有效整合，去除资料中复杂烦琐的部分，筛选出有利于研究结果的关键数据，对整个体系形成初步的评价标准。以此设计调查问卷，征求相关专家的意见，使用频数筛选的方法把被选频数相对比较高的指标筛选出来。把问卷调查回收的情况进行统计，若"重要"和"很重要"两个档次的人数比例之和超过全部人数的2/3就选择这个项目，经系统分析调查结果后，把指标的内容进行重新修订。

二、城乡公共体育服务评价指标体系中指标权重的确立

在本次研究过程中，由于受到时间及场景的限制，因此在采取具体措施时会相对困难，应当在制订计划时，将每个步骤都确定清楚，并且将所要用到的计算公式及其数据进行整理，运用统计与算数的方式来计算出最终结果。要想得到标准的评价指标应当在正式工作开始之前，对相关人员进行问卷调查，并将问卷调查的数据及其结果交与相关专业的人员，相关工作人员通过采取随机抽取的方式来得到最终结果。这样得到的结果具有很强的客观性，不会受到主观因素影响而使最终的结果产生偏差。

三、城乡公共体育服务评价指标体系

(一) 评价标准的确立

本研究建立的城乡公共体育服务评价体系标准中使用数量式的标准,在等级划分中使用数量式的标准,其中使用隶属度划分法。划分评价等级时需要使用模糊数学当中的隶属度函数,使用[100,0]的区间赋值来将每一个要素中的各个等级的隶属度的范围规定好,使用这种方法最大的优点是能够把精确的数量实行标定的等级要素,能够得到一个比较合理的评分,能够有效地提高评价的客观性。在评价中需要设置多少等级目前还没有统一的标准,一般会根据实际情况和需要进行规定。若等级数量增多,量化的精度也会增加,计算量和统计的工作量也会更加复杂、庞大,因此,需要保持适量的评价等级。本次研究中,使用五等级的划分,然后将各个等级的隶属度设定好,结果见表8-2。

表8-2 评价标准等级表

等级	优	良	中	及格	差
赋值	90	80	70	60	50

本研究的评价指标体系采用五级分等,分别为优(100~95),表示全部或绝大部分符合评价标准;良(94~85),大部分评价要素符合标准;中(84~75),多数评价要素符合标准;及格(74~65),处于及格状态,超过一半的评价要素符合标准;差(64~55),大部分不符合评价标准。

(二) 城乡公共体育服务评价指标体系

本研究需要阅读、总结、分析在前期进行查阅的相关材料,提炼出对城乡公共体育服务有所借鉴的评价指标,然后,通过走访相关专家对城乡公共体育服务中需要考虑的各项指标进行讨论评估,将讨论的结果与城乡公共体育服务的特点相结合,设计出合理的调查问卷,通过筛选第一次发放的调查问卷,形成城乡公共体育服务评价指标体系的初步框架。经过多次的问卷调查所得到的结果会与实际结果更为接近，因此在进行第一次调查之后，应当按照原有框架进行第二次问卷内容的具体设置。采用不同的算术方式来对评价指标进行筛选和整理，最终形成城乡公共体育服务评价指标的标准数据。运用数字加权的各类方式将体系中的各级指标，进行从高到低的排序依次进行加权计算，最后按照所得到的最终结果将指标按照等级范围进行精准的划分。

第三节　京津冀社区公共体育服务评价指标体系的构建

一、社区公共体育服务评价指标体系中指标项的选取

本次调研是按照严格的步骤来进行的具体工作部署，并且将与指标相关联的各项因素全部考虑进来。针对城乡公共体育服务的评价指标，具有一定的客观评价性。在采取评价指标过程中，将关键性指标进行个性化的分析，针对整个评价体系中不是很重要的影响要素进行剔除，并将具有重复类型的数据进行整理，将多余烦琐的部分进行剔除，筛选出最具有代表性的一部分数据，形成初步的评价指标体系。以此设计调查问卷，并征求相关专家意见，使用频数筛选法筛选出被选频数相对较高的指标来，对调查问卷的回收情况进行统计，在"重要"和"很重要"两个档次之间，选择人数比例之和超过全部人数 2/3 的项目。将所得到的各项数据录入系统中，系统通过内部运行，最终得到调查结果。工作人员再将表现出来的各项指标进行重新整理，最后得到四级评价指标，并且针对每个评级中的指标种类进行详细的记录。

二、社区公共体育服务评价指标体系中指标权重的确定

经过对调查结果的分析可以发现，由于受到时间及场景的限制，在采取具

体措施时会相对较为困难。因此，应当在制订计划时，将每个步骤都确定清楚，并且将所要用到的计算公式及其数据进行整理，运用统计与算数的方式来计算出最终结果。要想得到标准的评价指标应当在正式工作开始之前，对于相关人员进行问卷调查，并将问卷调查的数据及其结果交与相关专业的人员，相关工作人员通过采取随机抽取的方式来得到最终结果。这样得到的结果具有很强的客观性，不会受到主观因素影响而使最终的结果产生偏差。

三、社区公共体育服务评价指标体系

（一）评价标准的确立

本研究建立社区公共体育服务评价体系标准使用的是数量式标准，在等级划分中使用的是数量式标准隶属度划分法。划分评价等级时所使用的模糊数学中的隶属度函数，是用［100,0］的区间赋值把每一个要素中各个等级的隶属度范围规定好，使用这种方法最大的优点是：能够让难以使用精确数量标定的等级要素得到合理的评分，能够有效地提高评价的客观性。评价中需要设置多少等级目前还没有统一的标准，一般会根据实际情况和需要进行规定。当等级的数量增多，量化的精度也会增加，计算量和统计工作量也会更加复杂、庞大，因此，需要保持适量的评价等级。本次研究中，先使用五等级划分，再把各个等级的隶属度设定好，结果见表8-3。

表8-3 评价标准等级表

等级	优	良	中	及格	差
赋值	90	80	70	60	50

本研究评价指标体系使用五等级的划分，其中100分～95分表示优，是指全部或绝大部分评价要素符合评价标准；94分～85分表示良，是指大部分的评价要素较好与评价标准相符；84分～75分表示中，是指多数的评价要素与评价标准相符；74分～65分表示及格，是指评价要素情况处于及格状态，有超过一半的评价要素与评价标准相符；64分～55分表示差，是指大部分评价要素与评

价标准不相符。

（二）社区公共体育服务评价指标体系

在对本次研究进行具体部署之前，应当查阅之前几次问卷调查的相关资料，提取对社区公共体育评价有用的资料，从而使后续的工作可以更加顺利地进行。本次的研究应当按照以往的工作步骤来进行，首先，针对体育服务评价方面的工作进行问卷调查之后，工作人员将问卷调查的结果及数据上报给相关学者，学者运用专业的数字知识及其算式算法来对已收集到的数据进行整合，并结合实际的公共服务问题来制定初步的公共体育服务指标体系框架。在一次问卷调查结束之后，应当紧跟着制定第二次问卷调查，采用多种算数的方式，来将评价标准的各个等级进行划分，再按照从高到低的方式将划分出的指标进行排序，之后对一级指标进行数字加权的计算，一级指标是整个体系中最为基础，也是最为重要的一部分。因此在对一级指标进行计算的过程中，一定要保证其正确性与精准性。这样才可以使后续指标的计算不会出现错误，并最终形成社区公共体育服务评价的标准。

第九章
京津冀公共体育服务发展实施策略

第一节 基本公共服务均等化的演变与发展

我国曾出台关于建设公共服务均等化的文件，并提倡在对公共服务进行配置的过程中，应当遵循公平、平等、平衡的原则来进行具体工作的部署。这也是我国首次提出这一概念，为后续城乡体育公共服务的工作开展提供了前提条件。

我国政府曾针对公共设施及其社区公众服务的具体工作制订了详细的计划，主要为减少公共服务之间的差距，使公共服务体系可以得到更好的完善，并让居民们可以享受到公平、平等的公共服务，这样也使得政府与人民之间的联系变得更加紧密，有利于整个社会的和谐发展。

我国政府在提出这一理念之后，相继出台了各项政策来完善我国的公共设施服务，并对公共服务均等化这一理念进行了更加深入的优化，致力于为人民打造服务型政府，使人民可以得到更多的福利与保障。提升公共设施建设，不仅可以使城市和乡村得到较好的发展，而且可以减少城乡之间的发展距离，缩小人民生活水平之间的差距，有利于我国社会和谐稳定发展。对构建现代和谐社会具有一定的推动作用。

我国各地方政府也积极响应党中央的号召，针对国家提出公共服务均等化这一原则进行大力支持。无论是城市还是乡村都对其基础设施进行改善，使人们可以享受到更好的服务。国家对乡村地区进行更大力度的扶持，致力于减少城市与乡村之间发展水平差距，使我国平均人口的生活质量都可以得到保障。这不仅使城乡之间的发展水平逐渐接近，也为构建和谐社会迈出一大步。公共设施的建设为人们带来了福利，也为整个和谐社会的构建做出巨大贡献。

我国政府一直以为人民服务为自己工作的理念和宗旨，在对城乡居民的生活保障进行具体工作的过程中，以保障民生来作为自己工作的出发点，致力于打造服务型政府。针对基础设施公共服务方面的工作，各级政府也是积极开展工作，使人民可以享受到更好的福利，保障每个区域的居民都可以享受到平等的待遇，这对我国打造社会主义和谐社会具有巨大的作用。在对基础设施进行构建的过程中，政府制定个性化的帮助，用于满足人民群众多种多样的需求。

2011年3月14日，第十一届全国人大四次会议通过的《中华人民共和国国民经济和社会发展第十二个五年规划纲要》，在促进社会公共服务平衡等问题上给出了答案。在指导思想上，提出"加快发展各项社会事业，推进基本公共服务均等化"。在主要目标上，提出"覆盖城乡居民的基本公共服务体系逐步完善"。在任务目标上，要求"完善公共服务法治建设""大力促进公共服务平衡发展、做到惠及每一个群众""明确基本公共服务范围和标准，加快完善公共财政体制，保障基本公共服务支出，强化基本公共服务绩效考核和行政问责"。在改革措施方面，进一步完善各级政府的公共服务职能，同时提出明确中央与地方政府职权范围的基本意见。各级政府需要围绕基本公共服务均等化的总体目标和任务，集中分配公共资源，推进各地公共服务均等化目标的实现。

第二节 宏观层面与微观层面的政策保障

一、宏观层面的政策保障

（一）促进体育机制改革，建设服务型政府

社会各项事业的发展，与政府职能的作用紧密相关。政府在进行各项事业的管理和调控过程中，能够通过政策指导、法律法规、规划落实和行政管理等手段，决定整个社会的发展走向，使社会经济、政治、文化与主流价值朝着一定方向发展。因此，政府的职能改革，对于整个社会的持续稳定发展将起到关键作用。在我国目前的改革与发展过程中，国家不断提倡建设服务型政府，就是要为我国社会各项事业打造更为优异的政策环境，构建更具活力的发展条件。新时代背景下的公共体育发展，也需要在服务型政府的推动作用下，才能有效实现。

服务型政府，为了适应时代发展的需要，为了实现社会健康持续发展，在民主与法治的框架下建立的为人民服务、为社会发展服务的政府职能体制。服务型政府的建设，是推动简政放权、深化政府职能改革的必然结果，是我国贯彻为人民服务宗旨的主要体现。在党中央、国务院的带领下，国家各个主管部门与各地政府正在向服务型的政府职能模式转变，这将为我国各项事业的发展创造更加优良的发展环境。

而在体育行政管理方面，国家相关部门和各地方职能部门也在逐渐探索服务型的体育行政职能管理模式，对于公共体育事业的充分、均衡发展将有着重大意义。一方面，随着新时期我国体育事业蓬勃发展，社会各界和广大群众对体育的参与热情越来越高，使得体育事业的发展呈现多元化态势。这就使得社

会中的企业团体和公民个体都对体育事业有了更多利益诉求,希望能够充分共享体育发展带来的红利。在服务型的体育行政职能管理模式下,体育职能部门将进一步放宽管理力度,与社会和广大居民共享体育利益。尤其是在全民健身计划提出后,体育职能部门将充分保障体育发展对公民个体和家庭的影响,使公共体育的发展面向个人与弱势群体倾斜,保障了公共体育事业的充分、均衡发展。

另一方面,体育事业的蓬勃发展促使广大城乡居民的体育意识不断提高,更加重视体育消费与支出。随着我国社会经济的快速发展,城乡社会逐渐步入小康水平,广大居民的消费能力有了明显提升。在新的生活方式和消费结构下,人们愈加重视改善家庭生活条件,追求健康生活质量。在此基础上,城乡居民愈发注重参与体育活动和健身生活,体育产品的消费热情不断加大。因此,面对广大居民的需求,体育行政管理部门需要加强体育设施建设和公共体育项目的开展,确保体育事业的充分发展。实现体育资源的优化分配,尤其要关心落后地区和乡村地区居民的健康需求,实现体育事业的均衡发展。

改革开放以来,随着社会主义市场经济体制的不断完善,我国体育行政管理体制也在不断进行改革和调整,以适应时代发展的要求。然而这些改革始终没有触及深层次的体制与职能。一方面是由于竞技体育的发展还有必要性,举国体制的管理模式仍然需要保留,不能直接废弃。另一方面是由于长期以来,体育事业也没有探索出适应我国国情的行政管理模式。随着服务型政府理念的提出,体育行政改革找到了明确的发展方向,即在新时代背景下,建立服务型的体育行政部门。

(二)调整体育发展战略

要想实现社会事业的全面可持续发展,离不开与之相适应的战略规划指引。而发展战略的制定,需要在政府职能部门的带动下,通过深入调查研究,制定长远目标,并提出与之相适应的各项措施和手段。而实现公共体育事业的发展,也需要体育行政部门在不同时代背景下,及时调整发展战略。用科学的发展战略理念和措施,确保公共体育的发展符合社会发展需求,能够满足广大人民群众的利益。

改革开放初期,出于树立国际形象,争取国家荣誉,提振全民自信的需要,我国在很长一段时间内将体育发展战略的重点放在了竞技体育方面。通过建立举国体制,我国投入大量社会资源,陆续培养了一批具有国际竞争力的运动员和优势体育项目。在奥运会等重大国际赛事中,我国竞技体育事业取得了长足进步,获得了无可取代的体育荣誉和国际影响力。直到北京成功举办了夏季奥运会,我国的国家形象以体育为媒介,充分地向全世界传播开来,竞技体育发展迎来了新的高峰。

而时代的变化,使体育的价值和功能也在发生变化。在发展竞技体育的同时,全社会也寻求公共体育和全民体育的发展,让体育事业为广大居民服务。历史的欠账需要我们自己来弥补,体育的不和谐将阻碍体育的全面与可持续发展。为此,体育行政管理部门需要审时度势,以群众的需求为基础,确立新时期的体育发展战略,使我国体育事业的发展迈上新的台阶。

1.体育的发展必须以人为本

以人为本的理念,充分体现了我国政府始终为人民服务的宗旨,也是实现社会各项事业发展的最基本原则。体育则是围绕人的健康、人的极限和人的竞争而出现的社会文化形式。因此,体育的发展也必须从人的需求出发,立足于人且服务于人,体育的战略也要始终坚持以人为本的理念。

实现以人为本,最重要的内容是充分发挥体育的价值和功能,让公共体育发展与居民身体健康产生密切关联。要充分满足新时代下公民对于健康生活的需求,通过体育资源的分配、体育设施的建设、体育活动的开展,为广大城乡居民创造参与体育健身活动的条件和机会。同时也要加强全民健康宣传和体育文化传播,让广大居民充分认识体育的意义,培养体育的意识。

因此,在新时代背景下,我国正在逐步调整体育发展的总体战略,改变过去体育为国家荣誉服务的格局,在保持竞技体育发展的同时,大力开展全民体育事业。使体育更加贴近百姓生活,促进全民健康发展,并将体育纳入民生工程建设当中,加强体育资源的优化配置。

在这一过程中,各级政府逐年加大了对公共体育事业的投入力度,尤其是加强了对公共体育基础设施的建设力度。以市场为导向，创造了丰富多元的体育产品和服务，为居民创造丰富多元的体育文化生活条件。与此同时，随着居民生活水平的不断提高，人们对体育价值的认知越来越深入，对体育的需求热情也越来越高涨。许多城乡消费者已将体育健身、体育消费当成减轻社会压力、促进身心健康和丰富休闲娱乐生活的必需品。

而针对阻碍以人为本的体育发展战略问题，目前仍存在，主要体现在体育供给的不平衡，尤其是城乡之间、地区之间存在较大差异。为此，各级政府仍然要注意以下问题：一方面要重点关注低收入群体的体育需求，加强体育普及力度。通过政策调整、设施建设和产品供给的倾斜，确保体育事业让更多人受益。另一方面，以人为本是要以我国的每一个公民为本，特别是占我国人口数2/3的农村居民更应该得到照顾。为此，体育行政管理部门应当依托新农村建设的重大机遇，加强农村地区的体育设施建设。

2.体育利益应该全民共享

共享发展是新时代背景下我国改革开放的一大主题，而共享发展的最终目标就是要实现全民共享经济社会建设的成果。具体来说，就是要让改革开放的成果能够惠及广大百姓，要通过政策和法律保障公民的基本权利。对于我国的公共体育事业发展来说，更要充分贯彻全民共享的理念，使每个人的体育权利和体育利益能够得到基本保障，让每个人都能在体育事业的蓬勃发展中分享成果。目前，随着经济的快速发展，我国的体育事业取得了一系列辉煌的成绩。结合市场经济的发展，体育市场也在不断发展壮大，逐渐成为高速发展的新兴产业。但在市场化条件下，体育资源也更容易向少数群体集中，向大型城市集中；体育成果更容易被企业和资本所控制。而欠发达地区和农村地区的百姓无法享受到体育发展的利益。这不符合全民共享的发展理念。为此，各级政府应当本着共享发展的精神，通过政策调控和机制改革，努力实现公共体育服务的均衡发展，让体育成果能够惠及更多百姓。

3.体育需要和谐发展

调整体育发展战略，也应当关注体育事业的和谐发展，协调好商业体育与全民体育之间的关系，协调好体育竞技与公民健康发展之间的关系，同时也要协调好体育发展涉及的各个管理部门、各个市场主体之间的关系。为此，我国要在大力发展竞技体育的同时，兼顾好全民健康活动的开展，使体育由专业运动员进行竞技的项目，变成广大群众都能主动参与的文化活动。在做好体育市场化发展的同时，也应着重推进公共体育事业的发展，充分体现体育的公益性和普遍性特点。最终要使体育的社会效益和经济效益均能得到充分体现，让体育事业实现科学、可持续发展。

综上所述，新时代背景下，为了使体育事业实现科学和可持续发展，体育行政管理部门需要树立起人本、共享、和谐的理念，着眼于公共体育服务均等化发展，积极调整全局战略。应该充分认识到，目前的体育事业已经成为全体公民共同的需求，关系到公民身体健康的提升和生活质量的提高。为此，体育行政管理部门应当把体育当成一项重要的民生事业来抓，更要让体育成为促进社会精神文明发展的关键举措。通过体育基础设施的建设，全民体育活动的开展，大众体育文化的传播，打造全民共享发展、共同参与的体育事业新格局。

而实现公共体育服务均等化，也意味着我国的体育发展正在开启全新的发展境界，迈入更高一层次的发展阶段。过去相当长的时间内，我国为了迅速提升国际影响力，展示国家形象，追赶与发达国家体育水平的距离，将优良的资源集中到竞技体育领域，以大赛成绩为优先，建立了属于竞技体育的"举国体制"。因此，过去常有人说，中国掉进了金牌的陷阱之中。在金牌竞争的模式下，普通百姓虽然能从我国运动健儿的出色表现中获得对体育的理解，也能感受到体育的激情，从而提升了民族自豪感。但在内心深处，人们仍然会觉得体育距离自己十分遥远，无法认识到体育与自身的身体健康和生活质量有着直接的关联。这种情况，就是竞技体育的过度发展给公民的体育意识造成的偏差。

2008年，我国成功举办了夏季奥运会，竞技体育的成就迎来了前所未有的新高度。由于奥运会真正来到了中国，因此广大群众对体育的参与热情也得到了空前的提高，大众对于体育的理解也更为深入。同时，社会的高速发展也给人们的生活带来更多压力，城市化带来的健康问题日渐突出。因此全社会对于健康、休闲、娱乐的需求日益旺盛，越来越多的消费者将体育运动当成解决身心健康问题的首选方法。因此，国家顺应时代发展的需要，结合北京奥运会带来的新机遇和新需求，及时调整体育发展战略，陆续提出了全民健身与健康中国等惠及全民的体育发展规划。体育发展的中心，由过去的竞技体育逐渐转移到全民体育方面。丰富的体育消费产品，为社会创造了新的经济增长点，体育健身活动的环境和条件都有了较大程度的改善。

而从目前的公共体育发展情况来看，我国各地的公共体育服务均等化程度仍然存在不足，这需要体育行政管理部门不断完善体育发展战略，通过政策支持，确保公共体育服务均等化的实现。其中的重点在于体育资源的合理分配，要在以人为本、共享发展的理念下，促进社会体育资源向全民体育的领域倾斜。同时，政府要加大财政支持，使城乡公共体育服务环境得到进一步改善。

通过调整体育发展战略，促进公共体育服务均等化的发展，关键的因素是实现体育利益的合理分配。目前，随着我国深入发展市场经济，社会发展水平得到了快速提高，但由此也出现了利益分配不均和发展不平衡的问题。在体育领域，随着市场化发展模式的引入，也形成了各种以获取体育市场利润为主的利益集团。因此，如何协调好各利益主体之间的关系，使得体育体制改革即利益的再分配问题能够得到和谐的解决，使得我国的体育发展战略顺利得到转变，成为现阶段我国实现公共体育服务均等化最迫切需要面对和解决的问题。

（三）改变城乡二元化发展模式

实现公共体育服务均等化的关键是深化制度改革，其中一项重要的任务就是调整城乡二元化结构，使城乡之间的体育发展水平更加均衡。作为发展中国家，我国社会发展面临的一项重大障碍就是城乡二元化发展结构。这种二元结构不仅是因我国过去历史国情所形成，而且也将在我国未来的发展中长期存在，并成为影响我国各项事业取得均衡发展的一大制约因素。城乡二元结构，使得城市和乡村之间的发展水平极度不平衡，使农村地区长期滞后于城市发展，由此造成了城市与乡村呈现出不同的生活面貌，城乡矛盾也在日益扩大，使"三农"问题成为我国亟待解决并需要长期重视的社会经济问题。

自从我国推进市场经济体制改革以来，社会活力被有效激发出来，经济发展水平取得了长足进步，城市化力度也有了明显提升。但在这些成就的背后，城乡二元化结构依然没有得到有效的解决。同时，在市场经济背景下，乡村与城市之间的差距也呈现出越来越大的趋势。这些问题集中体现在乡村地区的经济发展水平落后，乡村人口的生活质量落后，尤其是乡村地区的社会公共服务能力也要远远落后于城市。而社会公共服务的落后，不仅体现在教育、卫生、文化、就业、社会保障等各个方面，也体现在公共体育服务水平方面。

而产生城乡二元化的原因，除了历史国情的因素外，还受到生产力发展水平的限制，关键还在于城乡之间的诸多体制性问题尚未得到根本解决。要想从根本上解决乡村地区的落后问题，需要依靠生产力发展，需要依靠广大乡村居民的共同努力，更需要从国家战略角度，有目的、有计划地加快社会各类资源向乡村地区投入。目前，城乡二元结构问题，已受到社会各界的普遍关注，尤其是国家和各级政府也在通过相应的政策调整和机制改革，努力为广大乡村地区创造更多发展机会。

新世纪伊始，针对"三农"问题，党中央就明确提出了"逐步改变城乡二元经济结构的体制"的总体目标。从国家层面，通过适当的政府调控和干预，使社会资源和各项政策向广大农村地区倾斜。为此，国家将"三农"问题摆在了深化改革的重要位置，当成党和国家全面建成小康社会中的一项重要工作来抓。为此，通过乡村振兴及新型城镇化等国家战略，努力平衡城乡之间发展的不均衡，为农业、农民及农村的发展创造更为有利的条件。最终要在经济发展水平上，使乡村人口共享小康社会的建设成果，努力提升乡村地区的基础设施水平，为乡村居民创造高质量的发展条件。同样在公共服务水平上，要实现城乡之间公共资源的均衡配置，让乡村公共教育、公共医疗卫生、公共文化、社会保障等各个领域取得充分发展，让乡村居民共享到与城市同等水平的公共服务产品。

从公共体育发展的角度来看，相比其他社会公共服务领域来说，我国各地区乡村体育的发展更为薄弱，这也是城乡二元化结构带来的必然结果。长期以来，由于农村地区经济发展水平的滞后，使得体育资源无法落户于乡村，乡村人口的身体健康问题也长期得不到有效重视。我国在体育事业的发展过程中，体育资源主要集中在城市地区。其原因一方面在于体育是一项成本相对较高的文化形式，社会对于体育设施的建设和体育活动的开展，都需要建立在一定的经济水平之上。人们对于体育的参与和消费也需要有一定的收入基础作为保障。因此，在市场经济发展中，体育资源必然会向发达地区集中，尤其是向大型城市集中。而另一方面，体育发展政策也在一定程度上造成了体育发展的城乡二元差别。过去各地政府更加重视城市体育的建设和发展，将有限的体育资源重点投入到城市当中，而乡村体育的建设没有得到政策上的保障。然而我国要想从体育大国向体育强国迈进，就离不开乡村体育的发展，更需要让占据人口大部分比例的乡村居民共享到体育发展成果，使乡村居民参与到体育活动中来，让乡村和城市在公共体育方面能够均衡发展。

因此，要想改变乡村公共体育发展落后的现实，就需要充分发挥政府的宏观调控和战略导向作用，改变城乡在体育方面的二元化结构。为此，体育行政部门需要在以下方面做出改进：一是借助国家乡村振兴战略的有利时机，加强对乡村地区的体育资源投入。乡村地区体育发展的落后，关键在于缺少发展基础，缺乏开展体育活动的条件，因此政府要对乡村地区的体育事业进行财政支持，从体育基础设施入手，建立乡村体育发展的根基。二是结合新型城镇化建设，让乡村人口共享城市公共体育的发展成果。新型城镇化建设，是我国从根本上解决"三农"问题的重要战略。借助新型城镇化建设的机遇，中小城市和小型城镇的基本生活条件将得到快速改善，能够进一步获得大型城市的辐射带动作用，形成城乡之间协调发展的格局。如京津冀地区协同发展，就是围绕北京与天津的发展优势，带动河北省的城乡统筹示范区建设。在这种环境下，一部分乡村人口将转化为城市人口，共同分享城市地区的公共服务条件。三是深化农村地区体育机制改革，保障公共体育服务均等化发展。体制机制的滞后是阻碍乡村体育发展的一大制约因素。为此，各级政府应当深化公共服务体制改革，为乡村体育发展建立制度保障。

二、微观层面的政策保障

（一）明确各级政府及体育行政部门职能定位

体育行政部门对社会公共体育服务发展的作用不言而喻，其职能定位将影响到公共体育事业的均衡发展，决定着体育资源和利益能否合理、有效分配，也关系到国家体育战略和政策的顺利实施。因此，为了确保公共体育服务走向规范、公平、合理的发展方向，体育行政部门需要明确自身的职责，坚决履行自身的发展使命。同时，应根据本地的实际发展情况和居民的体育健康需求，做好职能定位。在新时代背景下，各地应当积极打造服务型政府，体育行政部门也应以服务型部门为目标，履行体育管理中的新职能。一是要加强公共体育发展的制度保障。围绕建设服务型政府，体育行政部门必须加强体制机制改革，让管理体制符合时代发展的要求，符合公共体育服务的需求，同时要为公共体育发展提供各项制度保障。二是要加强公共体育发展的政策支持。发展公共体育事业，要始终坚持全民性、公益性、服务性的原则，为公共体育事业的均等发展制定相关政策，并在体育行政部门的带领下，培养公民的体育意识。三是要丰富体育文化产品。面对广大居民的体育消费需求，体育行政部门应加强资源投入，创造丰富多彩的体育文化活动。同时应加快体育产业的发展，在各类市场主体的参与下，扩大体育市场的发展规模，推出多样性的体育消费产品。四是要完善公共体育服务。公共体育的发展应重点体现体育的公益性和群众性，要为城乡居民创造有利的体育健身活动条件。为此，应在体育行政部门的带动下，通过设施建设、制度建设和人才建设，不断提高公共体育服务水平。

体育行政部门在进行职能定位的过程中，要清晰划定自己的职权范围，使各个部门清楚自己应做什么，不应做什么，将职权圈定在制度的规范中。一切的行政手段、政策措施的实施，都要围绕职权范围来进行，避免走向职权滥用和懒政怠政的极端。公共体育的发展依赖于体育行政部门充分行使职权，协调各方利益关系、贯彻国家体育政策、合理配置体育资源、及时调整发展规划，等等。在这些本职工作的作用下，公共体育事业才能获得均衡发展。目前在体育事业的发展过程中，行政体系最常出现的就是职能的"缺位"和"越位"问题。一方面是在体育产业的市场化发展中，随着体育利益规模的扩大，一些行政管理部门抛弃了市场监督、协调、管理部门，而直接参与体育市场，与市场主体争夺体育利益。另一方面在公共体育服务领域，尤其是对于乡村地区的公共体育服务方面，由于无利可图，不少行政部门又忽视了公共体育的建设和发展责任，使得公共体育服务的供给严重不足。

综上所述，为了更好地促进公共体育服务水平的发展，体育行政部门务必要以建立服务型政府为准绳，做好职能定位。同时，应划分好职能范围，使各项管理工作有章可循。因此，体育行政部门的基本职责应包括体育制度供给、公共体育政策供给、体育基本公共产品和服务供给等。体育制度供给内容主要包括体育相关法律法规、产权制度、财政制度以及体育保障制度等；公共体育政策供给主要包括群众体育政策、竞技体育政策、体育产业发展政策、体育科技、体育就业等；体育基本公共产品和服务供给主要包括政府为公民提供纯体育公共产品。在此基础上，还应该处理好行政部门与市场主体的关系，积极推进体育事业的市场化发展，吸引企业、社会组织和个人参与体育产品的创造与供给。在政府的引导下，除了大力发展商业化体育，还应鼓励市场主体进入公益性的体育服务领域，尤其是不断提升农村公共体育服务水平。体育行政部门可以通过政策支持，协调全社会的体育资源进入农村市场。

（二）加强体育行政部门公共体育服务的职能

公共体育服务职能是体育行政部门所要履行的最主要的行政职能。作为体育主管部门，体育行政部门需要根据广大群众的基本要求，以直接或间接的方式为其供给丰富多彩的体育服务和体育产品。在确保公共体育产品或服务实现充分、优质供给的同时，体育行政部门更要在加强公共体育服务的均等化上获得提升。为此，体育行政部门需要在转变体育行政部门管理理念、加快建立公共体育服务体制、完善公共体育服务机制、建立和完善体育财政体制、推行体育行政部门绩效管理等方面强化服务职能。

1.转变体育行政部门管理理念

（1）协调集体荣誉与个人权益

在我国的传统道德观念中，人们更追求"天下为公"的理念，即强调国家本位和集体主义精神，推崇个人对于集体的奉献。"公"字的含义范围也主要指代集体及国家。随着时代的发展，"以人为本"的理念逐渐被国家和社会所肯定，社会中的个人意识和公民意识也在逐步觉醒，个人的合理、合法权益越来越被国家和集体所认可,并通过法律等形式使个人权益得到有效保障。在新时代背景下,"公"字的含义也扩展到"公众"这一基础上。而在过去的集体主义思想指导下,一个人追求个人的利益,经常被称为利己主义或个人主义。个人成为集体中微小的一部分,个人的贡献被纳入集体荣誉,而个人的权益却常常得不到有效保障。尤其是在体育事业层面,在集体主义和举国体制的影响下,运动员的成绩都被当作是集体努力的结果,是为国家和人民争得荣誉。这一点虽然无可厚非,但政府和百姓却容易忽视运动员个人的努力,使部分运动员个人的权益难以得到有效保障。受此影响,体育行政部门也会在国家本位的理念下,忽略了"以人为本"的精神,弱化了对个人权益的保护,更使得普通大众的公共体育服务需求无法得到满足。因此,在新的时代下,体育行政部门应当实现集体荣誉和个人权益的协调、均衡发展,要强化政府和社会的公民本位意识,转变体育行政部门的管理理念。

(2)传统行政管理向现代公共行政管理转变

如果想要使传统行政管理方式向现代公共行政管理方式得到有效的转变,首先,需要我国政府在公共设施方面提供更多的智力支持和政策扶持;其次,在公共体育服务上面应当以激起人民群众的竞技精神为主要发展目标,根据人民群众的切身利益来制定具体的政策;最后,在公共体育服务这方面,政府应当学会简政放权,将更多的权力交与人民群众的手中,让人们可以感受到加入社会的参与感,这样有利于人民提升自己的社会责任感,对构建和谐社会起着重要的作用。

2.建立和完善公共体育服务体制

公共体育服务的均等化发展,离不开体制机制的保障作用。因此,体育行政部门应在"以人为本"的理念指导下,树立全体公民共享体育发展成果的长远目标,完善机制建设,从制度上保障公共体育服务的有效供给。目前,我国公共体育服务发展的不足之处,如乡村地区的公共体育服务相对落后,社会对竞技体育的重视程度大于群体体育的开展等问题,其主要原因也在于体制机制的保障不够到位,使体育资源无法实现均衡分配。总之,体育行政部门要在体育事业的发展中发挥分配、协调、指导和监管作用,体育产品不能仅仅以成绩为导向或是仅仅依赖市场的再生产和再分配，使体育资源集中在少数领域，而忽视群众体育的开展和广大公民的健康。建立和完善公共体育服务体制，从根本上就是要充分发挥体育行政部门在体育资源配置和体育产品供给中的主导作用。通过政策、法规的制定，使体育市场得到规范有序发展，同时兼顾效率与公平，弥补商业化发展带来的缺陷和不足，使城乡之间的体育服务、竞技体育和公共体育获得均等发展机会。

在进行体制机制完善的过程中，应当坚持体育公共产品的合理分配，同时重点突破乡村地区体育公共服务不足的难关，彻底改变体育公共服务方面的城乡二元结构。要想从根本上解决体育公共服务所产生的问题，就应当使我国体育行政管理的原有制度进行更快的转变，只有根本制度得到转变，才可以在具体工作过程中得到较好的效果。通过制定科学合理的管理制度，可以使我国的体育各项事务与责任部门之间的关系进行很好的区分。这对于我国体育方面的运动管理也有着很好的促进作用，只有将体育公共服务体制的制定与实施两方面工作进行分别管理，才可以使公共服务职能不依靠政府的权力也能进行发展，这对促进我国经济体育有着很好的帮助作用。

3.完善公共体育的协作发展机制

社会公共体育事业的发展，离不开政府和社会两个方面的协作发展，一方面要以体育行政管理部门为主导，通过政策支持和机制协调，保障公共体育服务的有效运行；另一方面是发挥市场主体的作用，通过市场化运营，不断满足社会公众的体育需求，为社会公众生产和提供更为丰富的公共体育产品。通过政府与社会的紧密配合，公共体育服务事业才能快速发展起来。

目前，公共体育服务的不充分、不均衡等问题的存在，除了加强体育行政部门的体制机制改革以外，还应该在体育市场主体的发展、供给方式的改革和社会分工协作等方面取得重要突破。因此，为了确保公共体育事业的健康有序发展，除了进行体育行政部门的职能改革，还需要根据时代发展的要求，积极推进公共体育服务的市场化改革，建立行之有效的社会分工和协调发展机制。一方面是完善产品供给机制，深入了解广大居民对体育活动和健康发展需求，形成以人为本、以公民需求为导向的全社会协调发展机制。要在体育行政部门的带动作用下,发挥街道、乡村、社区等基层组织的作用,让广大居民参与到公共体育发展当中。广泛采纳社会群众意见,听取社会群众的体育服务需求,充分发挥群众的监督作用,有针对性地开展全民体育健身服务,确保公共体育服务契合广大居民的健康需求。另一方面完善体育市场的规范化运行,发挥体育企业和社会组织的主体作用,使市场主体在市场竞争和市场利润的带动下,充分发挥市场活力,为公共体育事业的发展注入新鲜血液。在市场的带动下,为社会提供更为丰富的体育产品和服务。在这一过程中,体育行政部门要协调好与市场主体的关系,通过简政放权,使体育市场的资源分配作用得以充分体现,同时要加强监管,确保公共体育服务市场的公平有序发展,补充市场体制下的缺陷和不足。

总之,要想实现社会公共体育事业的快速发展,体育行政部门要协调好政府与社会、社会与市场之间的联动关系,建立分工合理的协作机制,发挥功能互补的作用。体育行政部门可以通过政府合同采购、委托经营等市场化、社会化的合作模式,共同促进公共体育事业的发展。

4.建立和完善公共财政体制

公共财政,是国家及政府提供公共产品或服务的分配活动,是政府以满足社会公共需要为目的而进行的财政行为。公共财政是国家财政的一种具体存在形态,是与市场经济相适应的财政类型。公共财政的主要作用是弥补市场的缺陷和失灵行为,进而体现公平性和公益性,最终能够满足社会大众的各方面需求,因而是一种非营利性质的财政行为。公共体育事业的发展,离不开政府公共财政的支持。因此,要想实现公共体育服务均等化,体育行政部门就需要根据实际需求,不断加大公共财政在体育方面的支出力度,为公共体育的发展保驾护航。同时与公共财政相配套的是体育行政部门需要建立和完善公共财政体制,确保公共财政的使用有法可依、保障公平。为此,国家体育总局和各地体育行政部门需要建立完善的财政运行机制,充分遵守财权与事权对等的原则,明确各级部门的财政分配比例和职权范围。应将体育财政的收支纳入政府的整体财政框架内,在法律程序和社会的监督下来规范运行。

在公共财政的投入和分配上,要做到有的放矢,保障财政的公平性和公益性。这就需要切实关心广大群众最为关注和需要的领域，使公共财政的使用能够帮助群众解决最为迫切的问题。同时要能够填补市场体制下的漏洞，加大落后地区和乡村地区的体育资金投入。建立健全民主理财机制，用民主的、公共选择的方法来决定体育公共财政的收支规模以及种类，实行民主监督与管理。另外，建立公共选择机制，其重点在于建立纳税人的偏好显示机制，实现决策的公平性、科学化与民主化。

5.建立和推行体育行政部门绩效管理机制

政府的绩效管理是政府在进行体制改革和履行各项职能的过程中，通过制定一定的评价标准体系，对职能部门和领导干部进行考核、督促、管理和社会满意度评价的过程。对于体育行政部门来说，其所进行的绩效管理应当是围绕体育发展的总体目标，制定相应的绩效标准，对该部门的服务管理质量及服务管理过程进行一定的考核和评估。

绩效管理机制的建立，能对体育行政部门起到良好的监督作用，促进体育行政部门提高工作质量和效率，强化各级领导干部的服务意识，确保自身职能的有效运行。为了确保以上目标的实现，需要建立和推行科学有效的绩效管理指标和评价方法。具体应包含以下几点：一是评价指标应当有针对性。主要是指评价指标的制定，不能按照政府部门的通用标准来进行，而是应该根据体育管理的特殊性和行业属性，为体育行政部门建立一套有针对性的评价标准体系。评价指标要符合公共体育事业发展的需求，符合体育行政管理的运行规律。二是评价方法应科学、合理、有效。由于新时代背景下，体育行政部门的主要职能是为广大居民提供公共体育服务，因此评价方法也要符合广大居民的体育利益，以群体满意为基准，融合内部评价与外部评价、自我评价与公开评价的方式，采用多方位的评价方法来进行。三是确保绩效管理机制的有效运行。重点在于将绩效管理落到实处，避免"走过场"式的虚假管理。应同绩效管理紧密联系，建立问责和奖励机制，并使绩效管理与财政预算挂钩，督促体育行政部门完成绩效任务，做好公共体育服务工作。

同时，为了确保体育行政部门切实落实公共体育服务的均等化，在绩效管理过程中，需要调整和完善绩效管理的考核制度。重点应按照全民体育、乡村公共体育的发展需求，将公共体育服务的供给效果、公共体育服务的公平性、公共体育服务的质量等内容纳入考核体系当中，从绩效管理的角度督促体育行政部门履行自己的责任，促进公共体育服务均等化发展。

（三）确保各级政府体育行政部门财力与事权对等

目前，我国地方性的公共体育管理和服务任务主要是由地方体育行政部门来负责，而国家体育总局和其他中央部门通常只起到协调和指导作用。但这种机制也存在不完善之处，主要在于国家需要进一步加强财税制度改革，确保各级政府体育行政部门财力与事权对等。在实现公共体育服务均等化的道路上，各地方政府需要承担更为重要的任务，但在财政税收方面，地方政府能够掌握的资源又十分有限，这种状况进一步影响了公共体育服务政策的有效落实。而对于各地区内部来说，公共体育服务均等化发展的关键问题在于处理好城乡之间、区域之间的发展差异，实现公共体育资源分配的公平合理。但对于落后地区和乡村地区来说，如果要加快发展公共体育服务事业，又需要依赖基层政府部门的支持。而对于落后地区来说，区县一级政府的可支配财政则更为捉襟见肘，因此将会严重制约这些地区的公共体育发展。以京津冀地区为例，实现公共体育服务均等化的首要问题在于实现地区之间公共体育服务的均衡发展，尤其是要重视河北省县级地区的公共体育发展程度，实现县区级和乡村地区的公共体育服务的有效供给。而目前县区级的公共体育服务供给也主要靠本级财政的拨款，县级体育行政部门的财力与事权无法实现对等，公共体育发展目前还得不到有效保障。

我国自从实行了分税制改革以后，地方性财政收入大幅降低，地方政府占整个财政收入的比例由75%降到了40%左右。地方政府的债务风险仍然比较高，同时还存在基层政府财政运转困难等不容忽视的问题。与此同时，地方政府和基层政府所要承担的职能依旧很多，从而形成了财权上移和事权下移的现象，进而使各级政府财权与事权之间出现不匹配的问题。在财权与事权的矛盾之下，地方政府就无法有效地行使自己的各项职责。

从京津冀地区公共体育事业发展的角度来看，地方体育行政部门虽然具有体育资源的管理和分配职能，但却缺少足够的财政支配能力。同时地方政府能够得到的税收，多数是一些所谓的"小税种"，税基小，收入少，增长能力有限，难以获得可靠的地方财政收入来源。因此，地方对于公共财政的投入依然需要依赖上级政府的拨款。这使得地方体育行政部门在发展公共体育时容易陷入"无米下锅"的尴尬境地。在河北省推行乡村公共体育服务的过程中，许多基层干部虽然在体育发展的意识上有了长足进步，能够充分理解体育对于乡村地区居民生活质量和乡村环境提升等方面起到关键作用，但苦于缺少财政支持，只能将有限的财力投入到教育、交通、医疗等更为迫切的公共事业领域。而公共体育的发展则让位于其他事业的发展，使得长期以来基层与乡村公共体育服务依旧处于"原地踏步"的状态。从乡镇以及村社的角度来看，大部分乡镇都没有专门的体育行政部门，这就使得公共体育服务无法纳入乡镇一级的财政预算之内。如果乡镇一级政府要想大力发展乡村公共体育事业，就必须寻求县级以上体育行政部门的支持。在公共财政方面，由县一级政府统一对体育行政部门进行拨款，再由体育行政部门协调县区内和乡村之间的体育服务资源分配。在这种财政机制下，县级体育行政部门所需承担的职责十分重要，但所能得到的资源又比较有限，导致乡村地区的公共体育事业很难得到快速发展。因此，为了使县级政府有充足的财力，保证该地区的公共体育服务均等化的实现，还需要完善地方税收体系，并适当调整中央集中度，增加省级以下政府的可自主支配的财力，保证省级以下政府承担公共体育服务的事权和财权对等。

按照事权和财力对等原则，在公共体育事业的发展中，应先要明确从中央到地方基层的各级政府所需承担的事权，进而根据事权的范围，合理分配各级政府的可支配财政情况，这是公共体育服务均等化政策调控的一项重要措施。"十四五"期间，国家应该进一步深化财税体制改革，使地方政府的财政收入得到有效增长，建立与事权相适应的财政分配机制，尤其应当注重县区级基层政府可支配财力的增长。只有这样，体育公共财政才能在基层公共体育事业的发展中发挥作用，为实现公共体育服务均等化、缩小城乡之间公共体育的二元差距奠定物力基础。

(四)完善财政转移支付制度

新时期以来,党和国家着重强调要实现基本公共服务均等化,为此提出了一系列政策措施增强各地政府基础公共服务的职责。其中,财政转移支付制度的改革为基本公共服务均等化的实现奠定了良好的基础。在现行的财政转移支付制度当中,主要的方式有三种:①垂直转移方式,即上下级政府之间进行财政转移支付;②水平转移方式,即同等级政府之间进行财政转移支付;③混合转移方式,是将以上两种方式共同使用进行财政转移支付的方式。财政转移支付制度是为了实现社会的公平发展,缩小地区之间经济差距的一种必要手段,能够为落后地区的基础设施建设、基础公共服务的开展等方面带来财政资金方面的支持。但由于各地区之间的发展不平衡,财政转移支付依然存在种种不完善之处,目前的转移支付制度对调节地区间财力差距的作用仍然有限,因此在一定程度上各地政府行使公共服务的职责受到了限制。在公共体育服务方面,许多落后地区的政府尤其是县级政府,十分依赖财政转移支付制度为其提供财力支持。为此,各级政府应当转变观念,将公共体育服务当成基础公共服务的重要组成部分,加大财政投入力度,并将过去上级政府用在竞技体育上的资金转移到公共体育事业方面。与此同时,在完善财政转移支付制度的基础上,更要加强地方政府的"造血"能力,加快地方经济发展和税制改革,使地方政府的财政收入能力不断获得提升,从而促进公共体育服务均等化建设。

(五)推动供给模式多元化发展

国家培养公民的过程就是为公民提供公共体育服务的过程。政府的确立,就必须保障公民各种应有的权利,而公共体育服务的建设和完善实际上就是政府保障老百姓享受公共服务的权利。但是,为了使公共服务得到更好的发展,这个重担不应该只让政府来承担,政府需要在政策、职能、供给模式上做出转变,让全社会共同参与,建设一个受老百姓欢迎的公共体育服务体系。

目前,城乡各项公共体育服务的决策供给机制是"自上而下"型的,城乡居民大都是被动地接受由政府主导的公共服务,不能自由大胆地发表自己的看法和评价。各项公共体育服务投入的规模、优先顺序也都是基于政府部门的考虑,这容易出现服务供给与民众需求之间的脱节,并使公共体育服务成了政府单一的、自上而下的行政活动,而不是政府自愿自主为老百姓服务的过程。

公共体育服务的目的是提升百姓的生活质量,没有公众的积极参与,不仅会因政府失职而造成效益损失,更会造成社会生态功能的失调。"十四五"时期,公共体育服务想要公众广泛认同和积极参与,政府要在一定程度上建立起社会多元化参与制度,推动社会长期稳定发展。公共体育服务的发展,除了政府积极推动,为广大居民创造参与体育活动和体育健身的便利条件之外,也要让广大居民能够参与到体育公共服务的决策和管理当中。使公共体育服务能够更精准地满足居民的诉求,促进各项事业公平有效开展。为此,政府应充分发动群众,通过街道、社区和乡村,为城乡居民发表意见、监督政策的落实提供方便,使群众意见能够准确传达到公共体育事业的决策当中。以群众的需求和建议为依托,政府及时调整公共体育发展的策略和方向,进一步强化政策激励,加强公共体育服务的法治建设,保障民间社会组织依法、有序参与公共体育服务均等化进程。

推动公共体育服务的多元化发展并不是让政府放弃对公共体育服务体系的建设和管理,而是为了使公共体育服务发展模式及供给模式得到更新和完善,改变政府单一的供给模式。为了实现这一目标,政府需要进一步建立公共体育服务的市场化运作机制。在市场经济体制下,发挥市场主体的自主性和灵活性特点,调动各类市场主体和社会组织参与公共体育事业的积极性,为公共体育的发展带来更丰富的产品和服务。同时可以采取购买服务等方式,将一部分公共体育服务项目交由市场主体来承担,并吸纳民间资本参与到公共体育事业的投资,进一步减轻体育行政部门的职能压力。在公共体育服务市场化发展中,政府要逐渐改变以其为主的单一供给模式,并且从相关制度上做出合理规划,形成合理的市场服务体系,逐渐由市场单一化向市场多元化发展。

在公共体育服务的正常运作和监督管理中,政府主要负责服务类别的选择、监督服务价格、服务标准的统一以及服务质量,并把政府的购买和生产职能分开。在这种管理模式下,公共体育服务可以形成统一的服务标准和价格,有利于专业水平较高的供应商之间的竞争，在很大程度上促进了公共体育服务行业的发展平衡。另外，公共体育的市场多元化有利于政府把主要精力放在服务质量与标准的统一性上，可以让公共体育服务水平得到有效的提升，并且得到不断发展，而且扩大购买公共体育服务的范围有利于政府进一步推进公共体育服务市场化改革，通过政策激励，吸引更多社会资源和民间资金投入公共体育服务领域。

在乡村公共体育服务的发展中，基层政府的财政能力始终有限，依赖上级政府的转移支付和财政拨款仍然不能补齐短板，很难彻底解决乡村公共体育事业落后的问题。为此，政府也需要采取积极有效的政策手段，让社会资本和市场主体参与乡村公共体育建设，解决乡村公共资源不足的问题。为了实现这一目标，基层政府可采取以下方式带动乡村地区的公共体育实现快速发展。一是要制定具体的奖励机制，鼓励乡村地区的企业和个人积极投资乡村公共体育事业，为乡村居民带来福利。二是通过政策引导，引导城市地区的资本向乡村地区流动，通过相应的社会效应、广告效应以及品牌效应吸纳市场资源，促使大型企业履行社会职责，以乡村体育发展的形式投资公益事业，带动企业实现经济利益和社会价值的协调发展。总之，在乡村公共体育服务均等化的探索中，政府也需要开创新方式，采取新措施，推动供给模式多元化发展，建立政府与社会力量合作发展的良好态势，集中一切力量加快乡村公共体育事业的快速赶超。

（六）建立实现公共体育服务均等化的法律保障

我国法律的不断完善，推动我国社会文明的不断进步。京津冀地区作为我国政治、经济发展的重要区域，但在体育方面却存在着许多不公平的现象，其中重要的影响因素之一，就是由于法律的不健全。由于没有相关明确的法律法规来对其发展进行规范，因此在许多体育相关事务执行的过程中，没有明确的法律来作为依托，只能按照相关管理人员的主观意识来进行评判，这会缺乏公正性与客观性，所做出来的判断不一定是对人民群众有利的，很有可能会造成利益的损害。所以，为了保证公共体育服务的均等发展，逐步完善相关的政策制定和法律法规，势在必行。因此，如果想要使我国的公共体育服务可以得到更好的发展，并且为人民群众提供平等的服务，就应当制定相关的法律法规来约束人们的行为，使体育工作可以井然有序地进行。虽然目前我国现行的《体育法》里，有着保障公民体育权利的相关内容，但还没有直接关于农村居民体育权利，保证农村居民同样享受公共体育服务的相关法律与制度，所以根据农村居民的需要，政府还需要对《体育法》进行进一步的修改和完善。对此，可以从三方面来完成：第一，应当对于公共体育服务的各项工作制定明确的法律来约束企业和个人的行为，为其工作的开展提供客观的前提条件；第二，应当大力扶持乡村公共体育服务的各项工作，并对其基础设施进行更好的完善，减少城乡之间的差距；第三，应当给予人民群众更多的话语权，让人民群众可以将自己的实际需求向政府进行阐述，对政府工作提出相关的意见。这不仅可以使人们的利益得到最大程度的优化，也可以使人们与政府之间的距离感缩小，有利于构建和谐社会。根据我国的国情，公共体育服务均等化的实现，不仅是一个长期而艰巨的历史任务，更重要的还是需要有法律的保障。虽然现阶段我国的公共体育服务已经制定了相关的制度规范和实行标准，如农村体育工作暂行规定。但总的来说，还不够全面、系统，操作性不强。另外，虽然在我国的《宪法》中对公共体育服务的发展制定了相应规程，但公共体育服务均等化还缺乏相应的实施规范和理论依据。因此，通过《基本公共服务均等化法》的指导颁布和实施《公共体育服务均等化法》是比较可靠的方式。有关部门对《基本公共服务均等化法》所应包括的内容进行了分析研究，如供给主体问题、供给决策问题、资金来源问题等，并有科学合理的规定和研究，如颁布《财政转移支付法》《中央与地方权力关系法》以及《预算法》等。在公共体育服务均等化方面，我国的《体育法》等体育法律都制定了相关的法律条文，但对于实现公共体育服务均等化的基本原则和方法仍然比较模糊。在许多领域内，仍然存在城乡之间的二元化标准，使城乡之间的公共体育服务均等化难以得到有效保障。同时，在这些规定中，大多数都属于原则性的规定，不能形成具有可行性的行动规范。在这种情况下，体育行政部门在落实公共体育服务均等化的过程中，就缺少了明确的法律法规依据，在政策执行过程中，必然存在一定的随意性和不规范性。在城乡公共体育服务的发展过程中，会出现农村居民需求增长和供给模式多元化的现象,所以每个参与者在享受到公共体育服务权利的同时还应承担相应的责任,而这些责任在细节上设定得还不够明确,当前的相关法律和规定都没有在一定程度上体现出这些责任的细节及内容,并且程序性法律的缺陷使很多有关公共体育服务的规定经受不住实际情况的考验,在具体实施上有很大的问题。

在公共体育服务均等化的过程中,由于法律的缺失,使体育行政部门缺少一套明确的监管和问责体系。因此,体育行政部门在行使公共体育服务职能时,往往各行其是,在公共体育事业的推进方面具有随意性,其效果必然大打折扣。另外,在落实国家级的公共体育项目中,其监管部门往往是国家体育总局通过内部监管的形式来进行,属于自我监管的范畴。这种模式容易造成管理过于宽泛,无法有效督促下级体育行政部门切实落实好各项任务。因此,要想真正实现公共体育服务均等化,除了必要的法律保障之外,还需要依据法律法规,建立一套行之有效的问责及监管机制,让体育行政部门能够在各级政府和全社会的监督下履行自身的职责。在完善相关法律法规的基础上,全社会还需要加强法治文化的宣传和传播,使公共体育服务的发展真正步入法治化的轨道。尤其是要注重培养体育行政部门和体育从业人员的法律意识,让各项体育事业都能做到有法可依,依法办事,让法律为公共体育服务事业的发展保驾护航。

综上所述,公共体育服务均等化实施的法治建设是一个长期的系统工程,需要立法机关和相关主管部门做出进一步的改革和立法工作。而过去一段时间,我国在公共体育事业方面的发展,主要依靠的是国家及地方的政策指导,带有很强的临时性特征,但对于公共体育的长期化和可持续化发展,各级政府都缺乏规范性的法律和法规来保障公共体育服务均等化的落实。而目前关于体育的相关法律规定中,许多内容都已严重滞后,无法适应新时代背景下社会环境和公民发展的需求。因此,应当完善以《体育法》为主的相关法律法规,填补立法、执法等环节中的空白。

1.使公共体育服务均等化能够符合法律的实际地位

为了使公共体育服务均等化能够更加符合时代的特征,明确法律地位是进一步完善公共体育服务均等化相关法规的关键措施。目前,公共体育服务均等化的主要法律渊源是《体育法》，但其若干规定没有对公共体育服务均等化做出较为清晰的表述。在制定修订公共体育服务均等化相关法律时，应该把它当作一条法律标准来确认，同样也可以把它以列举例子的方式来立法，但是不论采取什么样的方式来确立法律，相应的基本人权保障主要是得益于公共体育均等化的重要方式与举措，具体来讲，主要是保障农村居民的体育权利，这应该得到进一步的明确。也只有用法律的形式使公共体育服务均等化能够得以明晰，公共体育服务均等化才能够有法可依地顺利展开。

2.对公共体育服务均等化的财政和财源支出进行明确

影响公共体育服务均等化的关键点就是政府财政支出。目前，公共体育服务的支出资金的主要来源分为以下几点：一是公共体育基本建设资金，它是根据《体育法》中的规定所实施的，就是各县级以上政府应把作为体育事业的建设资金和基本体育建设资金归纳进政府财政预算和公共体育建设投资规划之中，根据国民收入的增长，伴随着公共体育项目的波动增长。二是公共体育彩票公益资金，根据《体育彩票公益金管理暂行办法》的相应法规，公益资金的首要作用就是落实《全民健身计划纲要》的相关规定，主要用途是全民健身活动、对公共体育基础设施的维护与整修以及体育扶贫工程。三是专项资金，在2008年颁布的《中央补助地方文化体育与传媒事业发展专项资金管理暂行办法》规定，专项资金不光只有财政部代表中央的支付，还有其他部门对系统内部的资金进行专项资金的支出，就像国家发改委支出1000万元的资金作为建设"亿万农民健身工程"。

由此可以看出，出于国家对于乡村振兴发展和乡村公共体育事业的重视，越来越多的资金和社会资源正在向广大乡村地区倾斜，为乡村公共体育服务的发展带来了前所未有的新机遇。但在个别地区，乡村地区的公共体育却仍然得不到有效发展，其主要原因还是部分专项拨款没有真正落实到公共体育方面。一方面是一些政府出于扶贫工作需求，将部分本应用于农村公共体育服务的资金用在了其他扶贫项目上；而另一方面是上级政府划拨下来的转移支付资金没有得到均衡化分配，其中大部门资金被投入到了城市公共体育项目中，而使乡村地区的公共体育事业得不到充足的资金支持。

3.构成公共体育服务均等化的奖励模式

构成公共体育服务均等化的奖励模式,政府应对公共体育服务均等化有促进作用的机构、部门、组织予以奖励。对适合农村地区要求的、相应效益比较显著的体育健身指导与咨询服务、体育文化信息服务、体质测定服务、体育相关功能宣传以及送体育开展下乡社区活动等,政府应该奖励支持。尽管《体育法》提出了对在体育事业中做出贡献的组织和个人给予奖励的规定,但究竟对什么样的组织和个人进行奖励,采取何种方式进行奖励,相关法律法规尚未做出具体规定。目前在各地政府的实践中,根据不同地区的经济发展情况,政府的奖励措施和奖励标准都有所不同。但奖励的范围主要集中在对取得竞技体育的运动员及相关从业人员方面,而对于在公共体育领域做出贡献的组织和个人的奖励则不够重视。因此,相关法律应该做出调整,按照公共体育服务均等化的要求,明确公共体育领域的奖励细则,尤其是要加强对于乡村地区公共体育事业发展做出贡献的企业、社会组织和个人做出相应奖励,奖励方式不应局限于物质层面,也要注重精神层面的奖励。

4.使公共体育服务均等化的评估制度法治化

我国在公共体育服务的发展中,虽然确立了一定的评估标准,但还没有纳入法治化的轨道。在对公共体育的各项工作进行评估时,通常是一事一议,并通过体育系统内部进行绩效评估考核的方式来进行。体育行政部门在进行各项信息的公开发布时,缺少具体细节,使社会公众难以对公共体育服务的成果做出准确判断。由于缺少法治化的保障,因而评估的过程缺少制度化和规范化,容易造成评估成果敷衍了事或完全按照体育行政部门自己的意愿来进行。缺少法治化的保障,绩效评估就难以做到向社会公开,也难以引入第三方评估机构来进行评估考核。在实现公共体育服务的过程中,完善公共体育服务评估体系,使得评估制度能够更加法治化,将制定公共体育服务均等化的考评主体和受体、各自所拥有的责任与功能、评估标准、责任到人的相关条文法规。在充分发挥监督效能的同时,又要使其有法律的依据。

(七) 建立公共体育服务均等化绩效评估体系

为了确保政府能够有效履行各项职能，保障公共体育服务均等化的顺利进行，就需要建立科学的绩效评估体系。总体来说，绩效评估对政府部门的作用体现在两个方面：一是绩效评估能够起到激励作用。绩效评估体系能够为各级领导干部提供行动指引，使其通过履行好自己的职责获得相应的政绩，充分调动了政府部门工作的主动性和积极性，提升政府的服务效率和质量。二是绩效评估能够起到监督作用。绩效评估体系的框架内，政府和社会能够对行政部门的领导干部进行考核、督促、管理和社会满意度评价，可以按照绩效评估标准对相应部门实行问责。

在促进公共体育服务均等化发展的过程中，政府需要在全社会的参与和监督下，建立更加科学有效的绩效评估体系。以群众满意度为标准，以基础公共服务的质量为内容，引导政府部门将更多精力放在公共体育服务事业领域，进一步督促政府履行公共服务职能。在绩效评估体系的基础上，还应建立健全多元化的监督与管理机制，使社会力量和广大群众能够及时有效地对政府进行监督，确保绩效评估体系的有效运行。政府要在一定程度上引入来自其他方面的评价机制，使社会中介机构和基础人员参与到对基本公共体育服务供给的成果效率考核评价中去，依据导向性、整体性和客观性的原则，保障基础大员参与公共体育服务的权利与责任，构建起多层次的考核评价体系。对于公共体育服务均等化而言，需要依据公共体育的性质，为体育行政部门建立相应的绩效评估体系。评价标准要符合广大居民的体育利益，并能够让广大居民参与标准的制定和监督工作。在这一方面，国际上有一些绩效评估体系可供参考。在评估的标准方面，美国关注的方向指向：绝大多数公众应享受的公共体育服务现状能够实现相应均衡、跟其他相关的条文是否产生矛盾、是否符合社会集体价值观念。德国认为评价标准应该主要包括现实意义与价值权衡。英国政府结合各国针对体育评价方面的内容，提出公共服务均等化可以分为以下几个阶段：针对评价结果应当先进行自我评价为第一个阶段，在得出评价之后相互之间进行讨论为第二阶段，在讨论之后提出具体的整改计划为第三阶段，最后将所有的数据及其方法进行整合得到最终的评价结果,并应用于实际社会中为最后一个阶段。这切实地解决了公共体育服务均等化的问题,并通过科学严谨的评估方式,使其公共体育服务得以较好的发展,为国际公共体育服务做出了巨大的贡献。总体来说,由于不同国家的经济文化发展各有差异,其自我的评价准则也必然具有不同程度的分歧。目前,成果与公正成为各国研究者共同锁定的关键点。

从国内体育发展的角度来看,我国在公共体育服务方面,绩效评估体系还有待完善。过去受到"金牌至上"的体育发展理念影响,各级政府将绩效评估也主要放在了各地的竞技体育领域,通过全运会、奥运会等大型赛事活动的成绩来评价各级体育行政部门的工作成绩。这就导致各级政府愈发重视竞技体育的开展,从而忽略了群众性公共体育服务的发展。而对于公共体育服务来说,其发展成效明显不如竞技体育那样显而易见,且发展周期较长,发展过程难以掌控,因此没有建立有效的评价体系。而在新时代背景下,要想实现公共体育服务的均等化,政府部门就要建立起科学有效的体育服务过程监管部门,使得政府对公共体育服务能够对于投入资金合理控制,也必将促进京津冀公共体育服务均等化的目的达成。要想构建符合当今时代发展的服务型社会应当从人民群众的切身利益为出发点,并且多听取人民群众的建议,将自己的任务能力提升上来,并对人民群众的需求,制定针对性的服务。

为了使各个区域的体育服务都可以得到均等化的发展,政府因此而应当制定合理的评估标准。将均等化的理念下达给各地区的政府,为各级政府开展具体工作时提供发展目标,以发展均等化的服务为自己的主要宗旨,来开展各项决策工作和具体的执行工作。根据公共体育服务均等化覆盖地域及相应标准,政府结合整体的考评和个体的考评要求,需要构建一套完整、有效、标准的评价标准系统,能多方面地反馈与评价公共体育服务均等化的发展水平以及部门系统、政策的实施效果。

第三节　宏观层面实现京津冀公共体育服务均等化路径

一、构建公共体育服务公共决策机制

要想在宏观层面实现京津冀公共体育服务均等化，就需要构建保障公共体育发展的公共决策机制。根据京津冀地区公共体育发展不均衡的特点，公共决策机制要能够兼顾城乡之间的公共体育发展，弥补城乡二元化结构的不足。尤其要让广大农村居民参与公共体育决策，保障农村居民的体育权益，切实满足农村居民的体育需求。

（一）公共体育服务公共决策机制的实质

政府以人民的实际需求为出发点，为人民群众提供针对性的体育服务，将社会中的可用资源进行合理分配，使人民群众的切身利益得到保障。并且在各项工作开展之后，通过评估反馈机制，进一步提升公共体育服务质量，更好地满足人民群众的需求。在对公共体育服务工作进行具体部署的过程中，最应当注意保证各个区域的服务均等化，使人民群众可以平等地享受到社会福利。

（二）公共体育服务决策机制存在的主要问题

分析公共体育的大众性、公益性等基本属性，结合京津冀地区公共体育发展的基本情况，我们可以发现，京津冀地区的公共体育服务决策机制目前存在着一些问题。主要体现在以下三个方面。

（1）公共体育服务决策机制不够健全，难以实现有效供给。京津冀地区有着十分庞大的人口基数，但公共体育资源有限，因此公共体育服务无法覆盖大部分的人口。目前，主要的体育资源大部分都集中在北京、天津等大型城市当

中，城市居民能够获得更多的公共体育服务供给。乡村居民能够分享到的公共体育产品和服务则很少。公共体育服务决策机制不够健全，缺乏对乡村居民的服务供给能力和意识。

（2）公共体育服务决策机制不能完全满足居民的需求。居民缺乏表达见解、参与公共体育决策的渠道。尤其是乡村居民和弱势群体的体育需求长期得不到满足，其基本的体育权益容易被忽视。因此，现行的公共体育决策机制还不能为公共体育服务的均等化发展提供有效保障。

（3）当前政府对于公共体育服务这方面的工作，缺乏科学合理的评估环节，所得到的资料与现实社会中的数据存在不相符的状况。因此，在具体的公共体育服务制度设计过程中会存在一些无法实施的状况，使得最后的决策及执行无法按照预期的情况来进行，致使政府的服务效果呈现出不理想的状态。并且由于缺乏精准的数据作为依托，从而导致决策在实施的过程中资源得不到合理利用，产生资源、资金浪费的现象。

（三）构建公共体育服务公共选择机制

在公共体育服务方面，京津冀地区的供给方式通常是通过政府进行决策和供给，居民被动接受的过程来完成。广大居民无法参与到决策过程中，无法表达自己的需求，对公共体育服务和产品通常缺少选择权。这种方式会导致供给与需求之间存在偏差，使居民的体育需求无法真正得到满足。在城市地区，由于体育市场相对繁荣，因此城市居民可以通过市场化消费的方式，获取自己所需的体育产品和服务。但在乡村地区，体育市场十分弱小，乡村居民难以获取更多体育产品，只能以政府提供的公共体育服务来满足体育健身需求。但在公共体育产品的供给方面，乡村居民缺少选择和影响决策的机会。例如在农村体育健身工程中，京津冀地区的供给方式都是按照统一标准来进行，都是一块篮球场地和两张室外乒乓球台，而这些设施未必能够符合乡村居民的实际需求。在实际中，由于农村居民缺乏相关的技术和技能，造成了大量的浪费，而适合所在地区需求的体育项目却并没有得到更有效率的开展和供给。乡村公共体育服务具有很强的公益性，缺少丰厚的市场利益和价值，市场主体很难产生参与农村公共体育供给的意愿，因此必须以政府的决策对乡村公共体育的产品和服务供给做出安排。然而政府决策与居民需求之间的不对等，是目前亟待解决的问题。针对这一问题，各级政府需要构建公共选择机制，确保乡村公共体育服务的科学有效开展。

公共选择是提升人民群众参与社会工作的一项重要举措，这有利于对资源进行合理的把控，也使人民群众参与社会生活的途径变得更加多样。要实现这一目标，就要引入市场发展的理念，将广大居民当成公共体育服务领域的消费者。而作为生产者和供给者的政府，要树立消费者至上的观念，切实考察居民的实际需要，以消费为导向实现公共体育服务产品的有效供给。在京津冀公共体育均等化发展中，公共选择机制的建立，将产生十分重要的意义。

首先，有利于公共体育服务的供给主体多元化。目前，为乡村地区提供公共体育服务的主体是政府，这种供给主体比较单一。受到经济发展情况的影响，乡村地区公共体育服务的供给主体仍无法做到多元化发展，尤其是市场主体仍缺少参与乡村公共体育发展的意愿。而政府作为乡村公共体育服务的唯一供给主体，在实践中仍然存在许多问题，主要在于供给总量不足、供给结构不平衡、供给效率较为低下。在总量方面，基层政府只有余力为乡村地区提供少量的基础公共体育活动产品，对于乡村居民需要的健身娱乐器材设施、健康指导等产品和服务，仍然较为短缺。而市场主体和社会力量还无法深入乡村地区，为乡村居民带来更为丰富的体育产品和服务；在结构方面，政府所提供的公共产品和服务结构往往较为单一，无法根据本地居民的需要，进行多样化的产品供给；在供给效率方面，受到乡村居民体育意识等因素的影响，目前许多乡村的体育设施存在使用效率低下甚至闲置等问题。一些户外体育场所被当成堆积草料、晾晒粮食的地方，没有发挥为乡村居民提供体育健身服务的作用。这些问题出现的原因来自多个方面，而其中一项主要因素就是供给主体过于单一。在当今的公共体育服务发展现状中，乡村的公共基础设施不够完善，并且主要来源都是由政府提供。随着人们生活水平越来越高，对各方面的生活需求越来越大，但政府提供的设施设备有限，因此应当加大对乡村公共建设的投入，并且改变供给服务方式，以需求服务方式来解决乡村地区公共体育设施方面的问题。一方面要建立适应乡村地区的公共选择和决策机制，提高人民群众参与社会生活的途径，使人民群众可以具备更高的社会责任感，也使自身的权益得到有效保障。另一方面，应当调节好与人民群众及社会中各个团体之间的和谐关系，通过凝聚各个团体的力量，提供更多的资金和资源融入公共设施中去的途径，使乡村公共体育的项目丰富多样。

在目前的乡村公共体育供给机制下，乡村居民缺少参与公共体育决策的机会，自己的体育健身需求也无法得到有效保障。因此，应当对人民群众的实际需求进行调查，并建立符合人民群众生活的体育公共服务。政府可以发挥自身服务的功能，使每个乡村居民都可以得到同等待遇的公共体育服务。改变一直以来公共体育服务相关的工作开展模式，从需求侧入手，这将大大提升乡村人们的生活幸福感，减少城乡之间的发展差距，为促进共同发展迈出重要一步。

二、形成无差别的公共体育服务供给机制

想要使人民群众可以得到均等化的公共服务，就应当在其供给体制中提供无差别的待遇。针对城市与乡村的公共体育建设提供相同的支持，保证每个人都可以享有同等的权利。

无差别的供给机制，首先需要制定相同的公共体育服务目标，针对这一目标展开具体的实施工作，使每个人都可以得到同等的待遇，并以公共体育服务的均等化作为自己的工作目标，要求朝着这一目标展开具体的服务工作。

其次，无差别的供给机制最重要的在于需求侧，应当从人民群众的切实需求出发为其提供增值服务。这种机制形成的原因主要可以分为以下两个方面：一方面，政府秉承公共服务均等化的理念来进行自己具体的工作部署，因此在布置工作的过程中应当运用公平、平等、平均的方式来进行具体工作的落实；另一方面，随着社会不断的发展人民群众生活水平不断上升，人民群众对于公共服务的需求也得到相应程度的上升，这促使政府应当加强自己的服务职能。将这两方面的内容进行有效整合，可以使政府真正地为人民群众提供无差别服务。

最后，无差别的供给也在于它要保障每一个地区都可以享受到公正、平等的政府资金支持，保障每一个公民都可以有参与社会事务的权利。政府应当对各个区域的公共财政进行有效的监督与管理，并且对各个区域之间的支出能力进行平衡，保障每个区域都可以拥有足够的资金来发展公共体育事业。

三、健全公共体育服务均等化的奖励和制约系统

所谓奖励系统就是使用一定的计划和方法，激发个人与组织系统的积极性，让个人跟组织系统产生积极性，朝着其所制定的发展目标构建一些方案和计划。为推进公共事务均等化，各地区政府制定奖励机制，遵循并发展均等化的公共体育的区域可以享受到更多的优惠政策。这种激励方式可促进城乡之间的差距减小。

所谓制约系统是指为规范机构或组织部门成员的素质要求，让相关的组织跟个体人员能够有标准地运行，最大化地带动经法定程序构架和实施执行的具有标准性的规范、标准的相关规范和手段的总称。制约系统能够规范相关部门或组织合理使用权力，合理配置资源，从而更好地满足人民群众的公共体育相关需求。

（一）完善以公共体育服务为中心的体育部门评价机制

在过去的体育发展过程中，国家一度以竞技体育成绩作为体育事业发展的政绩考核标准。在其指引下，各级政府和体育行政部门将重点放在了竞技体育发展方面，大量的体育资源被投入到运动员培养和体育赛事活动中。在这种模式下，我国各地的竞技体育固然取得了喜人的成绩，但普通大众的体育利益却一度被忽视，公共体育事业的发展严重滞后。在这种历史背景下，乡村地区的公共体育服务长期被边缘化，城乡公共体育事业的差距越来越明显。因此，在新时代背景下，公共体育服务均等化成为新的发展需求，体育行政部门需要转变自己的行政职能，围绕公共体育事业的发展制定新的体育发展方向。要想实现这种转变，最重要的前提条件是改变过去的政绩考核标准，以保障全体公民的体育权益为标准，以公共体育服务为中心建立考核体系。由于公共体育服务

均等化的重点在农村，因此新的政绩考核体系要充分体现乡村地区的公共体育发展指标，引导和激励基层体育行政部门转变观念和职能，将公共体育事业发展的重点放在广大乡村地区方面，积极为乡村居民谋取体育福利。

为了确保公共体育服务均等化的顺利开展，体育行政部门必须以公共体育服务为准绳，在行使职权的过程中，要专注于公共体育事业的薄弱环节，集中各类体育资源弥补发展中的不足。在以提供公共体育服务为主体的体育行政官员政绩考核点评系统中，必须注重的关键点体现在如城乡体育活动是否能够顺利展开、城乡居民参与体育锻炼所需要的硬件及软件能否构建完整、公共体育资源在城乡之间能否合理地进行分配、为居民提供的公共体育服务是否为有效供给、城乡居民享受均等的公共体育服务是否得到制度的保障、城乡居民是否获得了平等的体育指导等。

（二）建立严格的体育行政部门政绩约束机制

在公共体育事业的发展中，需要以效率原则约束体育行政部门的行为，规范领导干部的决策和执行效果。效率原则的重点是注重投入与产出之间的关系，使各项社会资源能够得到有效利用，产生最大的效果。从目前国内的体育事业发展情况来看，由于缺少相关的激励手段和约束机制，会影响到体育资源的使用效率。在过去以竞技体育为中心的体育发展框架下，大量资源被投入到竞技项目的建设中。在许多情况下，这些投入由于缺乏科学性和实用性依据，往往没有产生预期的成效。还有一些项目虽然取得了一定成果，但由于忽略了效率原则，也会造成公共资源的极大浪费，使投入和产出不成正比。在公共体育事业的发展中，同样由于约束机制的缺失，一些体育行政部门在行使职权过程中，没有切实保障公民的体育权益，造成公共体育产品和服务无法满足公民的实际需求，影响公共体育服务的供给效率。

地方政府体育行政部门提供公共体育服务的动力主要来自两方面。一是上级体育行政部门的评价激励机制。在以竞技体育成绩为考核重点的机制下，基层体育行政部门必然会激发开展竞技体育的动力。而要想实现公共体育服务的均等化，必须建立相应的激励机制和考核标准，确保各级体育行政部门合理分配资源，产生能够发展公共体育服务的根本动力。二是居民的体育需求激励。在建立"以人为本"的服务型政府改革中，广大居民的体育需求会促使政府加强公共体育事业的建设，让体育行政部门产生履行职责的动力。从以上分析可以看出，上级体育行政部门和居民都能够对公共体育服务的供给产生激励作用，进而促进体育行政部门履行好自己的职责，为公共体育事业的发展服务。然而如果只有激励机制而缺少相应的约束，体育行政部门容易产生急功近利的心理，进而盲目增加体育资源的投入，最终造成公共体育供给的过度化、低效化或无效化，使公共体育服务成果大打折扣。因此，政府需要构建体育行政部门领导干部的政绩监察点评系统，从根本上约束体育行政部门的行为，使其走向规范化、科学化的道路。

科学合理的激励和约束机制，需要以城乡公共体育服务均等化为主要依据，以广大居民的体育需求为根本的出发点，避免造成体育资源出现浪费现象。

四、补充与扩建促进公共体育服务均等化进程中的收益系统

（一）改变地方政府的体育收益需要

（1）严格按照"以人为本"的服务理念履行政府职能，坚持公共体育事业的均等化发展。在发展公共体育的过程中，体育行政部门应把公共体育事业同乡村振兴战略等国家战略结合起来，充分体现为广大公民服务、为乡村居民谋发展、为弱势群体谋福利的宗旨，让大多数人分享公共体育的发展成果。政府的绩效考核标准也应根据"以人为本"的理念进行重新调整，不能过分强调经济利益和竞技体育成绩，而是要综合考虑公共体育的社会效益和公益成果。其中要大力强化过去的绩效标准中的薄弱环节，将乡村公共体育的发展和乡村居民的体育需求作为重要的指标来抓。

（2）坚持短期效益与长期利益相协调的标准，促进公共体育均等化发展。公共体育服务均等化发展，加快体育场地、基础体育设施建设的步伐符合当代社会发展潮流，最重要的是对居民体育常识和身体素质的培养，能够让他们的体育价值观念发生转变，从根本上推动公共体育服务的可持续发展。在短期效

益方面，重点要加强硬件建设，创造全民体育健身的物质基础。在长期利益方面，则是要让体育健身与健康管理成为居民生活的一部分，帮助城乡居民建立体育意识和体育价值观，在全社会营造良好的公共体育发展氛围。为此，各级政府可将阶段性发展目标和长远发展目标共同纳入公共体育发展的考核标准当中，督促体育行政部门以宏观战略眼光履行自己的职责。

健全公共体育服务均等化发展评估机制，尤其是要改变农村公共体育服务发展不顾长远目标，追求短期效益的想法，完善公共体育服务发展的监察评估系统更为关键。合理确立公共体育服务进程评价系统，让自我评价与群众评估、专家意见、上级指令、下级建议、同级交流有机结合，发挥不同评估方法的优势，避免评估动机削弱和偏离而使事实上的评价缺失。

（二）促进公共体育服务均等化构建进程中的信息共享

城乡之间公共体育服务利益共同点之间资源共享可以实现信息的有效交流和成本控制的最优处理，就是让农村公共体育服务不同的收益点以较少的成本获取更多的有效资源信息，以实现各个主体的利益最大化，这亦是社会经济收益的另一种资源共享，能够减少政府部门整理及审核农村公共体育服务资源信息的资金投入，更好地让公共体育服务均等化相关政策与方案条文制定得合理有效以及透明性更高。

乡镇地区的管理人员、退伍军人、医生等优秀乡镇人才都是京津冀农村公共体育服务发展中的中坚力量，让他们不同程度地受到体育教育的熏陶，使自身具有一些相关的体育知识和技术，还能够更好地开展公共关系，取得绝大多数农村居民的信任，这些都能使他们更好地了解公共体育服务政策与信息，因此基层政府在制订农村公共体育服务发展计划时，举行听证会，召开村民委员会，让他们积极宣传政府的公共体育服务发展方案，使农村居民对政府公共体育服务发展有相关了解。

在进行公共体育发展决策的过程中，体育行政部门要向广大居民、民间体育组织、企事业单位及媒体等公开决策方案，广泛征求社会意见和信息。同时也要充分考察广大居民的体育需求，根据社会发展的实际情况和居民提供的有价值的建议及时调整体育战略决策。要与关系到公共体育事业发展的各个组织和机构及时进行交流和共享，在公共体育的发展中平衡各方关系，保障居民和各个市场主体的基本权益。

要完善监督机制，加强监督，对政府在公共体育服务均等化发展的评估可以在不同环境下开展，根据不同的时间进行公共交流展示、举办座谈会、大众媒体发布会等都是政府改善促进公共体育服务、实现公共体育服务均等化目标进行监察评价的有效机制。

（三）拓宽维护居民体育权益的渠道

由于目前我国城乡二元化发展结构依然根深蒂固，因此在维护居民体育权益方面，城乡之间仍然存在较大差距。在城市当中，尤其是人口高度集聚的大中型城市，居民的权益保护有了明显改善。街道和社区能够主动建立与城市居民沟通的渠道。同时社会组织也在维护居民的体育权益的过程中发挥了重要作用，居民可以通过各类渠道表达自己的需求和意见。与城市相比，农村居民体育利益的维护仍然缺少根本途径，主要原因在于乡村居民缺少维权意识，同时也缺少必要的表达渠道。在乡村振兴发展中，文化振兴和精神文明建设也成为实现乡村振兴发展的重要因素。而公共体育可以作为乡村文化的重要组成部分，在满足乡村居民文化生活和改善乡风文明方面发挥重要作用，也有助于提升乡村居民的体育意识。政府对农村公共体育服务产品供给不足的状况可以通过社会资源来弥补，需要体育行政部门把自身更多的责任、义务及公共体育信息资源转移给农村体育组织、非营利体育组织来改善。一些社会组织不仅仅能够直接向农村提供公共体育服务和配套的公共体育信息资源，而且还可以负担起很多农村体育基本公共事务的维护及处理。在农村公共体育服务发展中，起到宣传体育知识与信息和技术服务的作用。

从京津冀的范围来看，由于许多地区农村经济发展水平仍然不高，因此农村体育组织与各类社会组织的发展速度和规模依然不够，缺少必要的社会资源，远远不能满足服务乡村居民实现公共体育均等化发展的要求。因此，政府可以对不同农村组织进行培养，改善农村公共体育服务体系，整合各种社会服务力量，拓宽维护农村居民体育利益的渠道。使其不但适应市场需求，还能及时回应和满足农村居民多元化体育服务导向，建立起以政府为主体、社会跟进、农村居民大众参与的农村公共体育服务监督管理系统。

（四）对现有利益体系的稳定与发展

第一，公共体育服务均等化各收益方合理参与，构建和完善科学合理有交流性的意见表述系统。公共体育服务均等化各项制度的制定要体现和照顾各方面的利益需求，让公共体育服务均等化发展过程中的不同受益主体通过民主协商的方式能够完善与补充。

第二，构建公共体育服务均等化的方案实施在一定程度上也要注重公平与自身效益，使公共体育服务均等化利益得到相应的补充、完善。政府先要在公共体育服务利益补偿机制中，宣传并培养居民尤其是农村居民的体育知识、意识、技术和技能等体育素质，让其创造适合自身的健身方法。由于城乡之间居民的生活状态存在较大差别，因此要根据城乡居民需求的不同采取差异化的利益协调策略。二要坚持适度的原则。京津冀的经济发展水平决定了对农村公共体育服务利益主体只能采取适度补偿的方式，补偿充分就会使一些受益个体产生依赖心理，从而使农村公共体育服务利益补偿出现亏损，长此以往容易造成负担。要想使利益协调制度在乡村居民中间发挥作用，需要进一步强化体育行政部门的主体地位，使乡村公共体育的各项工作能在政府的指导下平稳有序进行。体育行政部门也应积极转变思想观念，完善职能定位，充分尊重乡村居民的体育权益表达，协调利益组织和居民个体之间的关系，建立有效的沟通渠道，使京津冀公共体育服务均等化能够协调、快速、有序发展。

第三，为应对乡村地区公共体育发展不充分的问题，可以建立长期、稳定的乡村公共体育服务发展资金，为保障乡村利益协调机制奠定基础。在当前情况下，京津冀广大农村地区产品供给不足，公共体育服务系统也无法稳定运行，最重要的是缺少资金来源。其原因有二：①京津冀地区尤其是河北省乡村经济发展水平、发展速度与北京、天津等大型城市不可同日而语。受到各种因素的影响，京津冀地区的城乡差距较大。②各级政府对乡村地区的体育发展不够重视,乡村居民的体育利益长期得不到保障,因此乡村公共体育发展的基础十分薄弱。鉴于这两个原因,要彻底改变京津冀乡村公共体育服务资金不足的状况,需要政府转变思维,大胆突破,尽快实现乡村体育服务能力的快速提升。一是要积极吸收社会资源,构建政府与社会多元供给的发展模式;二是政府要加大对农村公共体育服务的投入,为广大农村居民提供更多的体育基本公共产品,满足乡村地区利益主体的需求,缩小城乡之间的差距。

五、健全系统化的公共体育服务绩效评价和监督管理机制

公共体育服务是作为政府运用公共资源为社会成员提供一定数量和质量公共产品和服务的过程。由于这个服务过程涉及政府和居民两个方面,因此必然受到全社会的普遍关注。一是关注公共体育服务的效果,需要在政府的服务能力和居民接收到的服务成果这两个方面做出绩效评价;二是关注公共服务水平的改善,要求政府随着时代的发展和居民体育需求的提升,不断完善自身的服务能力和水平。由于公共体育服务涉及多方面的利益,因此建立系统化的公共体育服务绩效评价体系是十分必要的。

与企业相比,政府的绩效评价需要包含更为复杂、多样和抽象的内容,同时也需要更为强调公平、公正的社会特性。因此,公共体育服务绩效评价体系的建立需要在坚持公平正义的基础上,保障公民的基本权益,建立评价理念预设、评价方案设计、绩效评价实施和评价结果应用相结合的系统化评价机制。20世纪中叶,为了确保政府的公共服务效果能够均衡各方面的利益,西方国家对政府工作的评价方法进行了积极探索。美国为此提出了"3E"及"4E"评价法,即包含经济性(economy)、效率性(efficiency)、效果性(effectiveness)为一体的政府审计方式。同时为了回应大众对于社会公正的需要,又加入了对政府公平性(equity)的相关评价。

在京津冀地区的公共体育服务均等化的实践中,对于确定公共体育服务绩效评价体系,政府也可借鉴其他国家的经验,平衡效率与公平,协调社会效益和经济效益的均衡发展。一般来说,公共体育服务绩效评价是公共体育服务监督管理工作中的一个子集,主要是对服务的结果产生影响。在绩效评价的基础

上，还应建立完整的监督和管理机制，使其在公共体育的全过程当中发挥作用。正如部分学者提出的要从"公共服务结果向前延伸到公共服务需求、公共服务供给"。公共体育服务监督和管理从公共体育服务发生的时序可以分为以下三方面：第一，界定公共体育服务的需求。这需要体育行政部门在进行公共体育的建设之前，应充分考虑社会公众的实际需求，要让各项供给内容能够契合广大群众的体育需求，并在社会的参与下对政府实现有效监督。第二，跟踪公共体育服务的供给，对公共体育服务的供给程序、过程进行管理。公共体育服务供给需要投入大量的人力、物力、财力，而且也并不是一蹴而就的过程，缺乏对于该过程的管理将直接影响到公共体育服务的绩效。第三，评价公共体育服务的效果，即是公共体育服务的绩效评价。在政府的某一项工作完成之后，才会进行绩效评价。科学的评价能够检验政府的实际工作效果，以评价的成果优劣进行激励或问责。同时绩效评价也能对政府下一步的工作起到监督和约束作用。

第四节 微观层面实现公共体育服务均等化路径

一、确立和落实公共体育服务均等化的内容和标准

公共体育服务均等化是政府推进基础公共服务事业体系中不可或缺的重要环节，关系到社会全体公民的身心健康。在政策的制定和落实过程中，要与基础公共服务的内容和标准实现紧密结合。享有基础公共服务是每个公民的基本权利，保障人人享有基础公共服务是政府的重要职责。近年来，为了确保基础公共服务的有效落实，国家推出了一系列标准和内容体系，成为各级政府履行基础公共服务责任的重要依据。

国家为了推进公共卫生服务的发展，出台了许多的法律规范，以保障人民群众的身体健康为主要的发展目标。针对公共服务的各项工作流程步骤都做出

了具体的部署与安排。文件中指出，应当为人民群众提供更多免费的健康检查，并针对实行政策的区域提出鼓励与表扬。

国家针对学校的公共卫生服务也提出了相关的要求，要求学校应当每学期为学生安排体测预约体检的项目，为学生提供相应的体育项目的活动器材与场地，使学生的身体也可以得到很好的锻炼。但以京津冀地区的发展情况来看，由于各地经济发展情况不均衡，学校体育的开展情况呈现参差不齐的状态。在经济相对落后的地区，体育教育的师资力量和基础设施资源都存在明显不足，体育教育的质量无法与北京、天津等主要城市相比。因此，在学校体育教育方面，各级政府部门应该重视体育标准的落实。

尽管国家制定了许多公共体育及公共卫生方面的法律条文，但在具体实施的过程中，仍然出现普及不全的现象。这导致我国的公共体育事业得不到很好的发展，政府应当加强自己的执行力度，在对公共体育建设进行具体工作部署之前，先设计好合理的规划之后，再开展具体工作。这些规定的提出主要是针对城市在规划和建设中的社区公共体育服务做出了相应规范。为平衡城乡之间的发展水平，不应该只对城市进行相关项目的安排与部署，也应当对乡村地区的公共服务方面问题给予重视，并制定相应的解决措施。

各级政府在落实相关工作过程中，应当做好记录和评估预测的报告。根据各个地区经济发展的实际水平，来对统一的标准进行合理调整，使公共体育均等化的目标可以得到实现。我国一些先进省份积极响应国家公共体育卫生建设的号召而制定一系列的政策。这使得这些发达地区公共体育服务的职能得到了很好的体现。一些欠发达的区域，还没有将此项工作进行有效的落实，这导致我国不同区域之间的公共体育发展产生较大的差距。为了取得更好的成绩，各个区域应当重视学习党中央所下发的条例，并对其进行合理的落实。

二、增强公共体育服务有效政策的落实程度

按照系统论的观点，公共体育服务均等化政策的落实应该包括政策文本、执行主体、目标群体及政策资源等内容。要想实现公共体育服务均等化发展，就要使各项公共体育服务政策能够有效落实。体育行政部门应围绕公共体育服

务均等化政策，充分履行自己的职责，充分调动各方力量，将政策文本中的内容变成满足群众需求的公共体育服务产品。在政策的落实过程中，政府与社会各界应该紧密配合，协调和各个方面的利益关系，减少政策落实过程中的阻力，确保公共体育服务均等化政策执行得平稳高效。

落实公共体育服务均等化政策的前提条件是要制定科学有效、可行性强的政策文本。政策文本的质量能够直接影响体育行政部门在后续的工作中能否切实保障广大公民的体育权益，能否切实保障公共体育服务均等化的顺利进行。因此在政策文本的制定中，要以国家大政方针为标准，以调查研究为基础，使各项政策符合本地经济社会发展的实际情况。政策文本的内容要明确具体，确定的目标要切实可行，避免产生过于抽象或具有歧义的规定，使体育行政部门无法执行落实。对于各项政策措施的规定，要有可操作性和可持续性，同时应该明确各个相关部门的具体责任。

公共体育服务均等化政策执行主体，是指具体负责政策落实的各个行政机构和部门，其中最主要的就是体育行政部门。公共体育服务均等化政策的落实离不开各个阶层的共同努力，让体育服务切实进入我们的日常生活中去，与我们的日常生活联系在一起。公共体育服务具有均等化的特性，主要表现为公共体育服务均等化管理的行政组织以及广大的社会各阶层在公共体育服务活动中都有权使用，这一政策的落实也切实体现我国人人平等、民主的中国特色社会主义国情，而不同之处在于各个阶层之间对于公共体育服务均等化政策的执行力度、价值观念、相关的知识素养都存在一定的差距，这也间接导致最终的政策落实程度。政策执行的主体即行政部门是执行和落实公共体育服务均等化政策的直接因素。如果执行主体出现了问题，公共体育服务均等化政策必然难以有效落实。因此，在政策落实过程中，要确保执行主体能切实履行责任，政策落实能够健康有序运行。政府要使组织机构设置合理、人事安排妥当，避免出现人浮于事的问题。同时要为执行主体在落实政策的行动中提供必要的资金支持，以免造成执行主体"有心无力"的情况出现。还应该引起重视的是，政府机关的主导人员或者执政者在公共体育服务政策的落实过程中不可避免地受到现实利益的冲击，因为他们本身代表着国家和社会的整体利益，这也是对当下权利与利益冲突的一种变相考验；另外，作为理性的"经济人"，他们在公共体育服务均等化政策执行中还要全面考虑到社会中各方面的需求，以满足公共体育服务真正地为广大人民群众带来有利的一面。公共体育服务均等化政策的落实，就是要将社会中的各个利益群体放在同一的政策系统中进行通盘考虑。因此，在政策制定时，就要充分考量各方面的利益诉求，使各个组织和个人能够共享政策成果，并且要以城乡居民的利益为根本出发点，体现公共体育服务的社会属性，确保群众利益能够得到最大化满足。在政策的执行过程中，执行主体应该发挥重要作用，保持市场主体与群众利益、集体利益和个人利益之间的平衡，以免产生利益纠纷。同时，由于政策执行的主体不是单一的，而是具有多个层级和平行关系的政府部门，因此在执行过程中还应协调各执行主体之间的利益关系，避免上下级之间、平行部门之间产生利益冲突，影响政策的有效落实。

公共体育服务均等化政策的目标群体即广大居民是政策直接作用和影响的对象，他们对公共体育服务均等化政策信任和相应政策的认识，以及人民群众对于相关执行部门的认可程度都会成为政策落实的具体影响因素。如果广大居民都愿意遵守公共体育服务均等化政策，并对其充分地信任，对政策文本有充分的了解，并且执行部门将政策落实公开化、透明化，真正地让人民群众认识到公共体育服务均等化政策给他们带来的好处，让他们感受到政策落实的进程，这才能让公共体育服务均等化政策完完全全地实现服务大众的目标。

公共体育服务均等化政策的落实，同样离不了政策资源的支撑。这些资源包括人力、物力、财政、信息等资源要素。行政主体在落实政策的过程中，必须要在自己的职权范围内，充分调动社会中的各项资源，才能保证政策执行工作顺利进行。否则政策只能沦为纸上空谈，无法转化为现实成果。在现实状态下，许多公共体育服务项目无法得到有效落实，根源就在于资源的匮乏使各级政府无力履行自己的职责。在京津冀地区，许多落后地区由于资源有限，只能空有政策文本，而无法实现政策中的既定目标。因此行政主体在执行过程中，要确保各个资源要素能够得到充分利用，上级部门也要为其提供资源保障，使政策落实到位。

三、加强多个公共服务领域之间合作、共赢

公共体育服务是社会基本公共服务体系当中的一个重要组成部分，从根本上都是为了保障公民的基本生存权和发展权，满足公民的发展需要和健康文化需求，体现社会的公平与公正。因此，公共体育服务与基础教育、劳动保障、公共文化、医疗卫生等公共事业领域有着密不可分的关系，在社会发展中承担着同样重要的使命，具有相同的发展目标，即实现基本公共服务的均等化发展。在这一条件下，公共体育服务的均等化发展不能与其他公共事业分割开来，而是要加强各个公共服务领域之间的合作与协调发展。要形成基本公共事业发展的合力，使各个政府执行部门之间紧密配合，围绕着为人民群众服务的总体目标，共同促进基本公共服务实现均等化。

第一，公共体育服务事业应与基础教育实现紧密合作。在目前的教育改革中，体育教育已成为促进中小学生全面发展的重要内容，获得了教育部门和广大中小学校的高度重视。因此在发展公共体育服务事业过程中，不能忽视教育系统的力量。为此，体育行政部门要与教育部门及学校形成长期合作关系，利用自身的专业能力和体育资源帮助学校开展体育教育课程。通过学校体育活动和学生健康教育，使中小学生养成良好的体育意识和习惯。同时，要通过体育教育的开展，促进公共体育服务的普及和发展。

第二，公共体育服务事业要与社区、乡村的公共文化事业实现融合发展。体育是社会文化的一部分，因此二者在建设发展过程中具有很大的重合性。在社区和乡村深入开展精神文明和文化传播的过程中，公共体育可以成为一项重要的文化内容和形式在城乡居民中广泛传播。借助体育文化传播，帮助城乡居民树立良好的精神文化面貌；通过体育活动的开展，极大丰富城乡居民的业余文化生活。为此，体育行政部门要与乡村文化站，与社区文化工作结合起来，将公共体育服务融入公共文化服务体系当中，并将体育设施建设与文化设施建设纳入共同的发展规划中进行。

第三，公共体育服务事业与医疗卫生事业实现合作发展。公共体育服务的一项重要目标是通过全民健身活动的开展，增强人民体质，保障城乡居民的身

心健康。这一目标与公共医疗卫生事业不谋而合。因此，在同样的目标下，公共体育服务同公共医疗卫生事业可以采取合作的方式来进行，将公民的日常保健纳入体育健身计划中，即能节约社会资源，也将起到事半功倍的效果。为此，京津冀地区的体育行政部门可以探索与医疗保健系统的合作模式，将全民健身与医疗保健整合为一体，为提高公民的健康水平开辟新的方法。其中，南方发达地区的一些方法值得京津冀各级政府借鉴。早在2006年，苏州推出了"医保—阳光健身卡"服务，将居民医保账户与健身卡结合起来。在这种模式下，市民可以按照参保的金额，向苏州市的体育主管部门申领健身卡。利用健身卡，市民可以在政府指定的健身场所免费享有健身服务。这项政策就是将医疗卫生服务与健身项目有机结合起来，鼓励市民积极参与健身活动，有力地保障了公民的身体健康。尽管这一政策在执行过程中仍然存在一些问题，但是这种尝试值得肯定和借鉴。

第四，公共体育服务事业与公共基础设施建设实现统筹发展。发展公共体育事业，离不开场地设施建设。只有在一定的场馆、场地的基础上，全民健身活动才能有效开展起来。同时体育场馆和场地也是城乡建设和发展中的重要基础设施，对于提升城乡文化面貌，开展公共文化活动将起到不可取代的作用。为此，公共体育设施的建设应与公共基础设施建设统筹发展，不仅可以完善公共设施的服务功能，也会提升公共设施的文化属性。在资源有限的情况下，政府可以不追求大型专业化体育场馆的建设，而是通过户外简易健身设施的建设为城乡居民创造体育活动条件。因此，这些体育设施可以与公园、广场、绿地等基础设施融合起来，成为其中具有特色的一个子项。使居民在进行户外活动的过程中，能够便捷参与体育健身活动。目前，在北京、天津等许多城市，政府正在逐步建设集休闲娱乐、体育活动、生态环境于一体的体育公园。体育公园功能的多样性，既提升了城市面貌，改善了宜居环境，也为广大居民提供了公共化的休闲健身场所，可谓一举多得。各地体育行政部门可以联合政府各个部门，根据本地的实际情况，共同进行体育公园项目建设。这些体育公园可大可小，可以充分融入各种规模的城市绿化工程和自然景观建设工程当中。通过体育公园建设，可以帮助各地政府实现资源的充分利用，全面提升公共体育的供给能力。

综上所述，要想实现公共体育服务的均等化，不仅需要体育行政部门认真履行职责，也需要在各个职能部门的紧密合作下才能高效进行。公共体育服务事业的发展要与其他的基础公共事业领域实现合作和共赢，才能实现资源的优化整合，形成互动发展、共同进步的良好局面。

四、加强多个政府部门和各层次政府之间分工、协作

虽然公共体育服务均等化是体育行政部门最为首要的职能任务，但公共体育服务均等化的实现不能仅仅依赖于各级体育行政部门，也要使各个职能部门紧密合作，形成明确的责任分工体系。为此，体育行政部门不仅要协调好上下级之间的关系，也应与教育、医疗、文化和街道社区等其他部门建立协作机制。对此，许多发达国家构建了有效的部门合作分工体系，确保公共体育事业的有效运行，这些经验值得京津冀的各级政府加以借鉴。1999年，芬兰在颁布了本国的体育法之后，为了将体育法中的各项目标和措施落到实处，芬兰各个行政部门统一行动起来，密切配合，有效分工，认真落实体育法的有关规定。其中芬兰教育部按照体育法的要求，积极探索公民日常锻炼的方式和方法；而健康部门逐渐推广全面健康计划，使健康生活成为芬兰民众的重要生活内容；芬兰交通部门也陆续推出指导政策，鼓励人们以步行和骑车的通勤方式，拓展公民的锻炼机会。

除了各部门之间的协作互动之外，公共体育服务均等化的实现也同样需要上下级政府之间形成合理分工、密切合作。在我国公共体育事业的发展中，最重要的问题是协调好中央与地方政府之间的分工和协作关系。其中中央与地方虽然在总体目标上具有高度的一致性，但在具体的实施过程中，依旧会存在各种利益纠葛和职权不明晰的问题。因此，中央与地方在公共体育服务均等化建设中，应当做好分工，明确各级政府的职能定位。中央各部委的主要职责应当是实现全国范围的公共体育服务供给，并对各级政府提供总体的战略规划指导，确保地方政府在履行责任的过程中拥有总体的发展目标。同时中央各部委需要为地方政府提供财政和政策保障，尤其要在中央的统一安排下，加强落后地区

的公共体育事业发展。地方政府则是实施公共体育服务均等化的主体，公共体育服务均等化的主要事务需要地方政府尤其是基层政府去完成。

目前我国进行的体制改革，呈现出事权下放、服务下沉的总体趋势。与之相配套的是中央应当加大对地方的财政转移支付力度，实现财权随事权而下放。同时，针对落后地区体育资源不充足的现状，中央各部委需要对这些地区进行重点关照，建立稳固的专项拨款制度，帮助这些地区获取必要的发展经费和体育资源。从西方发达国家的经验来看，地方政府的财政预算比国家预算拨款力度要大得多。2002年，德国地方政府投入比例为79.6%；2000—2001年，澳大利亚地方政府财政投入比例为50%；2004年，英国地方政府体育财政投入比例为67%。由此可见，不少发达国家在公共体育事业发展中，地方政府承担着体育财政支出的大部分比例。由于地方政府能够更准确地把握本地社会发展情况，能够充分了解本地居民的体育需求，因此地方政府理应成为公共体育服务投资的主力军。

从河北省的发展情况来看，目前省市一级政府对于体育的投入主要体现在竞技体育方面，对于公共体育服务的资金支持力度有待加强。而大部分县级基层政府由于自身的财政十分有限，对于公共体育服务的投入远远不能达到理想效果。随着我国财权与事权不平衡的问题进一步得到改善，地方政府在公共事务领域的潜能将会得到有效的开发。在地方政府不断提升公共财政能力的基础上，结合中央各部委的财政转移支持，公共体育服务均等化发展有望取得突破性进展。

五、培育公民社会，提高居民体育权利意识

公民具有很强的公民社会意识。公民社会的特点主要体现在三个方面：一是要在政府和企业之间形成公民团体和组织，这些团体和组织的主要作用是为公众的利益而服务。二是这些社会组织都是社会成员自愿结合在一起，在与国家的关系上，拥有自主权，以保证和增加成员的价值或利益。三是有传播和认同的文明道德规范，狭义的公民社会通常是指第一个要素，公民社会是随着市场经济的建立而来的，而中国由于市场经济体制建立得比较晚，故而从没有出

现过公民社会。

公民社会是一个强调公民权利的社会。公民不但是一个经济人，还是一个政治人和道德人。公民社会的目标是民主社会，它不仅仅局限于每一位公民的责任，也同样包含公民作为国家主体的相应权利，包括政治、经济、社会地位等。我国是以人民民主为根本原则的社会主义国家，社会主义宪法和民法典等法律保障了我国公民的基本人权和各项合法权益。随着我国各项改革的不断深入和经济社会的全面发展，公民的个人权利观念逐渐建立起来。同时，弱势群体也能够通过社会和法律武器维护自身的合法权益。社会的变革、经济的发展、法律的完善，为我国公民社会的形成创造了有利条件。从总体上来说，培育公民社会，对于提高公民的体育权利意识，健全公共体育服务的供给机制有着十分积极的意义。

第一，公民社会有助于培养公民性，促进社会各利益团体的信任与合作。从政治学角度来看，公民性是公民意识的一种体现，主要概括为权利与义务的统一。而公民性只有在法律的保护下，在公民社会的环境中才能更好地体现出来。在公民社会中，具有共同利益、共同行业或共同兴趣的公民会积极参与各类非营利组织和团体。这些组织和团体既能够通过法律武器，保护成员的利益，也可以制定准则，约束成员的行为，带领他们履行自己的义务。在公民社会的环境下，公民可以围绕公共体育这一共同需求，形成与体育相关的非营利民间组织，共同促进成员之间的合作，培养公民的体育技能和体育意识。同时在体育组织的带领下，避免使公民的体育权利受到政府部门或营利机构的侵害。

第二，公民社会能够有效填补政府社会治理的空白。在市场经济体制下，政府的职权越来越趋向于有限性政府，无法兼顾社会上的所有事务。同时由于市场主体具有趋利性，也无法涉及社会的所有领域。而公民社会中，各类民间活动组织的形成，能够有效填补这些空白区域，为保障公民权益发挥积极的作用。民间组织立足于基础，通常具有灵活性强、专业性强的特点，能够为部分群体提供各类公共服务，同时也能切实保护少数群体和弱势群体的公民权利。例如，各类慈善组织、民间基金会、志愿者组织等，在保障弱势群体的权益，为弱势群体服务方面，发挥了重要作用。在公共体育方面，目前我国城市中已经形成了各类体育爱好者协会及非官方组织，对群众体育的普及和开展也发挥了应有的作用，填补了体育行政部门无法兼顾的空白。

六、加快城镇化建设、加强乡镇体育的辐射带动作用

在新时代背景下，加强乡村地区公共体育服务供给，缩小城乡之间公共体育事业的二元结构差异，是实现京津冀公共体育均等化的重要课题。为达成这一目标，京津冀地区需要抓住乡村振兴战略和新型城镇化建设这两大战略机遇，加快城镇化建设，快速提高乡村地区公共体育事业的发展水平。在具体实践中，应当以乡镇为中心，提高公共体育的配套水平，丰富体育文化产品，为乡村居民的体育健身活动提供便利。同时，发挥乡镇的辐射作用，使其连接城市、带动乡村，为乡村居民共享体育服务成果提供根本保障。

新型城镇化，统筹城乡经济发展，实现城乡一体化发展的重大战略，也是带动乡村公共事业进步，促进公共体育服务均等化的重要途径。一方面是乡镇连接城市和乡村，起到纽带和桥梁的作用。发展乡镇体育，能够使乡村居民充分分享到城市地区的公共体育服务资源。另一方面因为京津冀地区乡村居民主要集中在成千上万的乡镇中，"农村体育以乡镇为重点"也是因为这一实际现状而提出来的。积极推进小城镇建设，实现农村城市化，对促进京津冀公共体育服务均等化发展具有十分重要的现实意义。

围绕乡村振兴战略和新型城镇化建设的总体目标和要求，京津冀地区需要统筹兼顾城市与农村的发展，做到公共体育服务城乡统筹、城乡互动、协调发展，并最终实现公共体育服务的均等化发展与一体化发展。在进行乡村公共体育事业的发展中，基层政府的工作重点应该是发展乡镇，充分利用好乡镇的纽带和桥梁作用，将其打造为承接城市公共体育服务，带动乡村体育服务的重要连接点。乡镇虽然立足于乡村，但其发展的基本形态却更接近于城市，受到城市经济文化的影响更为深远。在乡镇的中转作用下，城市地区的社会资源能够有效地向乡村地区流动，带动了乡村社会经济的发展；城市中的文化生活习惯也在乡镇的作用下逐渐渗透至广大乡村地区，使乡村居民的生活习惯向城市靠近。在这一过程中，政府需要不断完善乡镇的公共体育服务供给水平，加强基

本体育设施建设，要以乡镇为中心，为居民提供多元化的体育服务产品，创造丰富多彩的体育文化活动。同时乡镇要主动承接城市地区的公共体育资源，吸引城市中的各类体育组织和市场主体下乡投资和发展。利用小城镇和乡镇公共体育服务发展辐射和带动农村公共体育服务的发展，从而使农村公共体育服务发展又反过来促进和支持城市。

在政府事权逐渐下放的政策背景下，乡镇政府在乡村振兴发展的作用日益明显，要在乡村地区经济发展中担当更为重要的历史使命。在乡村公共体育事业的发展方面，乡镇政府也要发挥重要的主导作用，成为农村公共体育服务供给的基层主体。农业税完成改革后，乡镇政府就不再承担农业税征收职责，公共服务职能则成为乡镇政府最主要的任务。在这一背景下，乡镇政府更需要全心全意为乡村居民服务，使政府部门利益与乡村居民的利益保持一致。为此，乡镇政府应以发展乡村公共体育为自身职能的重要组成部分，通过体育事业的发展带动乡村公共服务水平的提升。同时，由于乡镇政府缺少税收来源，各项工作的开展主要依赖上级的财政拨款，因此，乡镇政府要在乡村振兴和新型城镇化建设的背景下，积极向上级争取各类社会资源和投资项目。在乡村公共体育事业均等化的前提下，积极争取上级的支持，使公共体育事业惠及本地百姓。

七、配置均衡合理的公共财政资源体系

（一）配置和优化对公共体育服务的财政支出结构

为了使我国公共财政资源得到合理的配置，政府与市场之间应当进行有效的调解。以政府为主导、市场为辅助的发展方式，来对公共服务的财政支出做出具体的部署。政府应当结合社会各团体及企业之间相互配合来对公共事务做出贡献，使公共事务的资金来源可以获得到多样性的途径。给予市场充分的自我调节能力，只要是市场中可以自己调节的方面，政府应当减少干预，给予市场更多的权利去发挥自身的功能来解决财政支出问题，这样可以使政府有限的资源得到很好的留存，将留存出来的资金用于公共服务设施建设，将二者之间的关系进行有效整合，才可以使各个区域的财政支出结构趋于合理。我国当今

各个区域的公共体育服务支出范围朝着更加开放的方式来进行融资。不再只依靠党中央提供的资金投入或政策支持，更多的资金是来源于社会，并服务于社会人民群众，并且社会企业的参与度得到提升，将民主财政交还于人民手中，让人民可以运用更多的权利来参与到政务活动中，使人民群众的社会参与感提升。同时，政府应当加强自身的组织与管理能力，通过体彩等方式向社会各团体进行公共体育建设的融资，提高资源利用率，使得支出结构更为合理，造福人民群众，构建更加和谐的社会主义社会。

（二）健全财力与事权相匹配的财政体制

要想使公共服务体系得到均等化的发展，就应当对公共服务的支出范围进行一定的控制，只有当支出范围得到合理控制之后，才可以展开后续的各项工作。政府各个部门之间的工作应当分离开来，不应当存在相关联的部门公共管理，这样会导致政府内部混乱，且无法客观地对公共事务均等化实施的有效管理。政府应当将各个区域的公共体育服务进行合理的计算，并对资源的配置进行科学分配。针对一些经济情况良好的地区给予正常的补贴与供给，但针对一些欠发达的区域或需求较大的区域，应当加大支持力度，缩小不同区域之间公共体育服务的水平差距。使各个区域的政府都可以将自身的优势得到较好的发展，并将公共财政进行合理分配使其之间的流转控制在可控范围之内。

我国在对公共体育建设进行管理的过程中，可以从政府内部与政府外部两方面来制定具体的管理方案。从内部方面来看，政府可以通过提升自身的职能，并对其内部的工作进行有效的自我管理，从而使其政务人员可以运用客观、公正、平等的方式，对待公共体育建设的发展；从外部方面来看，政府应时刻关注各区域的经济发展状况及社会中的民生问题，通过体育服务评估政策，来使广大人民群众可以享受到均等的公共服务，逐渐使各个区域之间的经济状况得到较好的发展，并减少城乡之间的差距、减少发达区域与欠发达区域之间的经济差距。为共建共同富裕的社会提供良好的保障，使人民群众都可以享受到平等的待遇。

后　记

　　加快公共体育服务建设是在我国经济、社会发展水平不断提高，人民群众对体育的需求日益增长的背景下，体育事业发展彰显以人为本理念的重要体现。特别是在2008年北京奥运会实现了我国竞技体育国际竞争力的卓越展示后，由体育大国向体育强国迈进的号召使我国体育事业获得了一个重新审视自身历史方位和发展方略的契机，那就是要建立一个能满足全中国人民体育需求的新机制，促进群众体育与竞技体育全面发展，体育事业与体育产业协同发展。而构建公共体育服务体系是其中的核心与关键所在。但是与建设体育强国的目标和人民群众的期盼相比较，我国公共体育服务在资源配置、体系建构、运行机制和绩效产出方面还存在着诸多问题。基于这一认识，面对紧迫的发展现实，作者作为体育研究工作者，深刻认识到开展公共体育服务研究工作的重大意义。

　　作者在长期的研究中，借鉴了一些学者的见解，力图使本书的写作内容丰满并富有阅读性。

　　虽然作者在写作过程中已经力求严谨，但是仍存在不足之处，希望能得到广大读者的批评指正。除此之外，作者在此对为本书写作提供帮助的学者表示真挚的感谢。

参考文献

[1]周涛.《新时代公共体育服务体系建设研究》评介[J].文体用品与科技,2020:23-24.

[2]应枝澎.新时代公共体育资源配置研究现状及经济学分析[J].当代体育科技,2020:205-206.

[3]谢润.普通高校线上公共体育课程建设现状与发展策略研究[D].广西师范大学,2021.

[4]马腾.公共体育服务体系建设[M].长春:吉林大学出版社,2018.

[5]刘望,王政,谢正阳,万文博.新时代我国公共体育服务高质量供给研究[J].体育学研究,2020:73-80.

[6]方涛.新时代背景下城市公共体育服务体系建设对高校社会体育指导与管理专业改革的策略研究[D].陕西理工大学,2020.

[7]戴健.公共体育服务体系建设[M].上海:上海交通大学出版社,2015.

[8]陈逸朴.新时期民族传统体育的特点[J].体育风尚,2020:119-119.

[9]周一琛.城市公共文化与体育服务适老化建设研究[D].四川省社会科学院,2020.

[10]张可,刘琳.公共体育服务体系分析与科学建设研究[M].徐州:中国矿业大学出版社,2018.

[11]金玉珠.新时期冬季体育课程改革研究[J].文体用品与科技,2020:144-145.

[12]陈温瑶.社会力量办体育背景下的温州市体育社团改革发展路径研究[D].温州大学,2019.

［13］顾慧亚，王晓军.全民健身路径与公共体育服务体系建设研究［M］.北京：九州出版社，2018.

［14］郭冬柏.新时期高校体育教育的发展策略探究［J］.福建茶叶，2020：159-159.

［15］李艳.建设厦门市公共文化服务体系示范区的研究［D］.集美大学，2018.

［16］穆瑞杰.我国公共体育服务体系的多元化建设与实证研究［M］.北京：中国商业出版社，2017.

［17］应枝澎.新时代公共体育资源配置研究现状及经济学分析［J］.当代体育科技，2020：205-206.

［18］秦一皓.昆明城市公共体育场馆设施建设研究［D］.云南师范大学，2018.

［19］崔瑞华.我国公共体育场馆建设与布局的经济学分析［M］.沈阳：东北财经大学出版社，2016.

［20］孙丽萍.新时代背景下高校公共体育教学问题及改革策略［J］.当代体育科技，2020：171-172.

［21］彭毅.城镇化建设进程中莆田市体育公共服务体系的构建研究［D］.成都体育学院，2017.

［22］周超.公共体育服务体系建设的创新探索［M］.北京：北京日报出版社，2018.

［23］孙丽萍.新时代背景下高校公共体育教学问题及改革策略［J］.当代体育科技，2020：171-172.

［24］袁群发.成渝经济区建设背景下隆昌县农村公共体育服务发展现状与对策研究［D］.成都体育学院，2016.

［25］朱冀.公共体育服务建设理论研究［M］.北京：新华出版社，2017.

［26］何慧佳.新媒体时代下如何做好公共文化服务［J］.图书情报，2020：00177-00178.

［27］谭杨.吉首市城市社区公共体育设施配置与利用研究［D］.吉首大学，2016.

［28］邱宗忠.新时代公共体育服务体系建设研究［M］.北京：人民体育出版社，2018.

［29］许丽斌，江永贞.新时期高校学生体育结构调查研究［J］.南阳师范学院学报，2020：57-62.

［30］邱竞.体育公共信息服务平台建设的现状、方法及前景分析［D］.成都体育学院，

2016.

[31] 郭怡, 江育恒.公共体育服务社会参与机制研究[M].杭州：浙江大学出版社, 2017.

[32] 景洋子.新时期高校体育教育中存在的问题与对策[J].新一代：理论版, 2020: 241-241.

[33] 李丽.我国公共体育服务人力资源队伍建设研究[D].陕西师范大学, 2015.

[34] 张鲲, 康冬.我国竞技体育公共服务的基本理论研究[M].陕西：陕西师范大学出版总社, 2016.

[35] 王春燕.我国竞技体育公共服务体系建设研究[D].陕西师范大学, 2015.

[36] 赵星月.浅谈新时期公共图书馆传统文化推广工作[J].科技资讯, 2020: 171-171.

[37] 丁青, 王家宏.公共体育信息服务标准体系构建研究[J].中国体育科技, 2020: 3-13.